世界级心理学大师 **韦恩·戴尔** 顶级巨著

正能量

实践版

Your Erroneous Zones

〔美〕韦恩·戴尔（Wayne W.Dyer） 著

崔京瑞 王南 译

摆脱负面情绪，掌控你的人生

湖南文艺出版社
HUNAN LITERATURE AND ART PUBLISHING HOUSE

博集天卷
CS-BOOKY

图书在版编目（CIP）数据

正能量：实践版 /（美）戴尔（Dyer,W.W.）著；崔京瑞，王南译 .—长沙：湖南文艺出版社，2013.2

书名原文：Your erroneous zones

ISBN 978-7-5404-5992-5

Ⅰ.①正⋯ Ⅱ.①戴⋯ ②崔⋯ ③王⋯ Ⅲ.①成功心理—通俗读物 Ⅳ.① B848.4-49

中国版本图书馆 CIP 数据核字（2013）第 001605 号

著作权合同登记号：图字 18-2012-580

上架建议：励志·成功心理学

正能量：实践版

作　　者：（美）韦恩·戴尔
译　　者：崔京瑞　王　南
出 版 人：刘清华
责任编辑：丁丽丹　刘诗哲
监　　制：蔡明菲　潘　良
特约编辑：温雅卿
营销编辑：刘碧思
版权支持：文赛峰
封面设计：主语设计
版式设计：李　洁
出版发行：湖南文艺出版社
　　　　　（长沙市雨花区东二环一段 508 号　邮编：410014）
网　　址：www.hnwy.net
印　　刷：北京嘉业印刷厂
经　　销：新华书店
开　　本：880mm×1270mm　1/32
字　　数：176 千字
印　　张：8
版　　次：2013 年 2 月第 1 版
印　　次：2013 年 2 月第 1 次印刷
书　　号：ISBN 978-7-5404-5992-5
定　　价：29.80 元
（若有质量问题，请致电质量监督电话：010-84409925）

导言

　　到底什么是正能量？科学的解释是：以真空能量为零，能量大于真空的物质为正，能量低于真空的物质为负。在这本《正能量：实践版》中，正能量指的是一切有助于我们告别心理依赖与拖延症、提升意志力与自控力的方法和理念。

　　通过详实的数据和案例，世界级心灵导师韦恩·戴尔告诉你如何增强内心的能量，接纳自身的不完美，与焦虑、惰性等负面情绪共处，并获得真正的疗愈。书中的每一个章节，都详细论述了一种自我挫败行为，并给出了改善和提升的方法，就像历经一次次发人深省的心理咨询，让我们的心智得到锤炼，变得更强大、智慧、喜悦自在。

　　你在现实生活中是否是这样一个人？经常会说："我很害羞""我不善言辞""我很懒惰"，等等；你是否总是渴求他人的赞许？你是否总是缺乏自控，无法摆脱旧的自我？你是否对未来充满忧虑和恐惧……如果是，那就好好通读此书，跟随韦恩·戴尔，开始这场对抗负面情绪、启发心智的探险之旅。

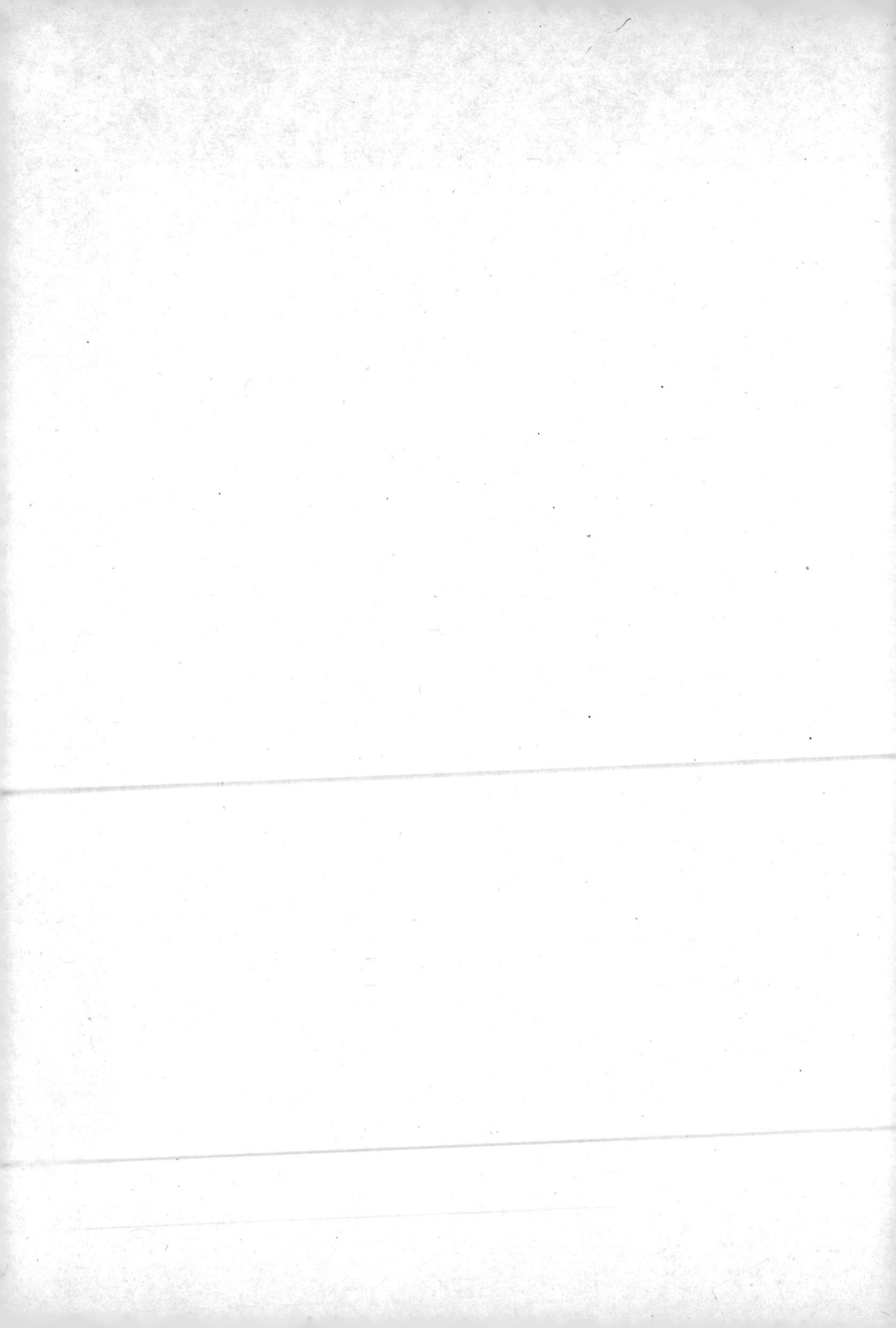

序
摆脱负面思维，发掘你的正能量

　　一位演讲人站在一群嗜酒者面前，决心向他们清楚地表明，酒是一种绝无仅有的邪恶之源。在讲台上摆着两个相同的盛有透明液体的容器。演讲人表明一个容器中盛有清水，另一容器则装满了纯酒精。他将一只小虫子放入第一个容器，在大家的注视下，小虫子游动着，一直游到了容器边上，然后径直爬到了玻璃壁的上沿。这时，他又拿起这只小虫子，将它放入盛有酒精的容器。大家眼看着小虫子慢慢死掉了。"好，"演讲人说，"这其中寓意何在呢？"从演讲厅的后排传来一个十分清晰的声音："我看出，人要是喝酒，就绝不会长虫子。"

　　这本书中就有着许多"虫子"——也就是说，你将从本书中看到并领悟到你根据自己的价值观念、信仰、偏见和经历而想看到的那些事情。自我挫败行为及其解脱办法是令人感到头痛的领域。你可以在口头上表示愿意为做出改变而深入地剖析自己，然而你的行为往往大相径庭。要做出改变是很难的。你如果同大多数人一样，那么当你努力摆脱自我挫败的情感和行为时，你全身的每一根神经都会阻碍这一努力，尽管有着这些"虫子"，我想你还是会喜欢这本书的。我很喜欢这本书，而且我很喜欢写这本书。

　　我并不认为可以草率地对待精神健康和正能量这一问题，然而我也不赞成将其视为语言深奥、枯燥乏味的研究。我在书中尽力避免了令人费解的说明，我认为对抗负面情绪、实现"精神愉快"并不是一件复杂的事情。

精神健康是一种自然的状态，要实现这一点是我们每个人力所能及的。我认为，一个人只要将刻苦勤奋、合乎逻辑的思维、幽默感和自信心等品质集于一身，便可以真正地拥抱正向的能量。我并不相信离奇的法则，也不相信必须到幼年的成长过程中去发现你的"童年阴影"，并由此认为，你现在的消极状态是由于别人而造成的。

本书从几个主要方面介绍了保持精神愉快的思维方法，前提是你对自己具有责任心和义务感，热爱生活，并希望按照自己目前的意愿去为人处世。这一方法并不复杂，并且完全是在常理之中的。如果你是一个精神健康、心情愉快的人，你可能会对自己说："这本书我也能写。"你说得对，即使你没有干过心理咨询这一行，没有心理学或精神分析学的博士学位，你也可以找到充满喜乐的生活准则。这些准则不是在课堂上或书本中学到的，你要掌握它们，就要下决心激发内在的能量，并且要为此做些实事。这就是我每天做的事情，同时我也帮助他人做出同样的选择。

本书的每一章都像一次心理咨询，其用意在于尽可能为你创造自己解决问题的条件。每一章都详细讲述了一种自我挫败行为，帮助你认识到陷入糟糕状况的原因，而后再给出解决之道。书中描述的各种行为，在我们身上都能看到，这里挑选的并不是情绪严重失调的临床病例，而是我们每天都"释放"神经病态信息的例子。在初步了解某个负面行为之后，我们将分析你之所以坚持自我挫败的原因及其心理支撑系统，这一部分试图解答一些问题，"我的行为使我得到了什么？""既然这种行为对我不利，为什么还要继续下去？"当你对每一个负面行为做出分析时，你会发现大部分坚持神经病态行为的动机都颇为一致。根据习惯行事总是保险的，即使这些习惯让我们一次次受伤。本书通篇都说明这样做的后果，你将逐步认识到：所谓的心理支撑系统，其作用不过是为自己开脱，并且回避改变的机会。每章结尾都给出如何消除这些自我挫败行为的方法，这种编排形式与心理咨询完全一样，即努力寻找问题的根源，并"对症下药"。

有时你或许会感到这一方法的出现过于频繁。这是个好迹象——切实思考的迹象。根据我作为精神病治疗学家的多年经验，我知道这种思考可以改变上述自我挫败行为，但这种切实思考不会因为有人讲了某个道理便自然产生。一个认识需要一遍又一遍地加深理解，而且只有在完全理解并接受这一认识时，你才可能改变自己的行为。正是出于这一考虑，笔者在本书中反复论及若干主题概念，正如心理学家在多次心理咨询中反复论及某一主题一样。

本书通篇论述两个中心主题。第一个主题是"你能否选择自己的情感"。先根据你已做出的或未能做出的选择审视一下你的生活，这使你对自己的现状、你的情感负起责任。要想使自己不为负面能量所掌控，更能有所作为，就必须更加充分地意识到你可以做出的各种选择。你就是你所做的各种选择之总和。只要具有一定动力并做出一定努力，你就可以挣脱负面情绪的牢笼。

本书强调的第二个主题是"从现在做起"。这一句话将反复出现多次。这是消除误区、创造幸福的重要步骤。你在一生中，可以有所作为的时候只有一次，那就是现在。然而，许多人在悔恨过去或担忧未来之中浪费了大好时光。能否利用现在的时光来实现自己的心愿，这是真正成长与否的试金石，而几乎所有的自我挫败行为都企图苟活于过去或将来之中。

本书几乎自始至终都强调"做出选择"和"活在当下"这两点。仔细阅读之后，你会很快给自己提出某些过去从未想过的问题："我现在为什么要自寻烦恼？""我怎样才能更为有效地利用现在的时光？"任何正在逐步摆脱负面情绪、走向自我依靠和幸福的人，都会在内心提出这些问题。

本书最后简要描绘了一个完全消除了负面行为、一个以内在控制（而不是外界控制）的精神世界而生活的人。根据下面 25 个问题，你可以衡量自己选择幸福和实现抱负的能力。尽可能客观地回答这些问题，以此来评价和估量你自己以及你现在的生活。肯定的答复表明你有强大的自控力，能够积极地做出选择。

1. 你认为你的头脑属于你自己吗？

2. 你能控制自己的感情吗？

3. 你的动力是来自内心世界还是外界环境？

4. 你不需要别人的赞许吗？

5. 你为自己制定行动准则吗？

6. 你不渴求公正吗？

7. 你能不加抱怨地接受自己吗？

8. 你不崇拜偶像吗？

9. 你是个实干家还是批评家？

10. 你渴望探索神奇的未知吗？

11. 你能不用贬义词描述自己吗？

12. 你能始终如一地爱自己吗？

13. 你能自我发展吗？

14. 你摆脱了所有依赖性吗？

15. 你能在生活中不再埋怨和挑剔吗？

16. 你能不再内疚悔恨吗？

17. 你能不为将来而忧虑吗？

18. 你能给予他人以爱并得到他人的爱吗？

19. 你能在生活中避免动怒吗？

20. 你能不再拖延时间吗？

21. 你会积极地承受失败吗？

22. 你能未经计划就自然而然地使自己愉快吗？

23. 你很富有幽默感吗？

24. 你对别人待你的方式满意吗？

25. 你始终以自己的发展潜力而不是以弥补不足为动力，是吗？

在任何时候，只要愿意放弃"应当""必须"等条条框框，你就会对上述问题回答"Yes"。

我的一位朋友在听完我的演讲后，曾给我写了一首诗，题目是《新的方向》：

我要远游四方，

我要尽情欢唱。

改进自己的不足，

感受心灵的成长。

我要生活、存在、"活在世上"，

倾听内心的声音、信仰。

本书出版后，收到了很多读者的建议，我也对文本重新进行了梳理修订。我相信，本书将助你清除所有阻碍成长的负面能量，帮助你发现并选择新的方向，提升你人生的正能量，真正掌控并管理自己的情绪和生活，拥抱幸福的新生。

Your
Erroneous
Zones 正能量 实践版

CONTENTS **目录**

第1章
主宰自己的能量

如果你确实希望摆脱各种病态行为，在生活中有所作为并做出自己的选择，保持身心愉悦，你就必须像完成任何一项艰巨任务一样，对自己严格要求，摒弃迄今为止所养成的自我挫败的思维方式，控制自己的情绪，激发出内心的正向能量。

Your
Erroneous
Zones
正能量
实践版

每每回首，你都将注意到一个伴侣无时无刻不跟随在自己身旁。由于没有适当的名称，暂且称为"你的死亡"吧。对于这位伴侣，你或者仅仅感到恐惧，或者利用它来为自己服务。究竟应如何对待它，选择得由你来做出。

　　生命是如此惊人的短暂，而死亡的阴影又无时不在，所以你可以扪心自问："我应当拒绝做我特别想做的事情吗？我应该按照别人的意愿去度过自己的一生吗？""追求物质享受是那么重要吗？""拖延时间是一种正确的生活方式吗？"你对这些问题的答复大概可以归纳为几个词：生活、我行我素、享受、爱。

　　你或者可以为自己的死亡而徒劳无益地担忧，或者可以利用死亡来督促自己学会真正地生活。让我们看看托尔斯泰笔下的伊凡·伊里奇在等待伟大的转折时，是怎样审视他那完全由别人支配的过去的——为适应生活环境而放弃自我支配的过去：

　　"如果我到目前为止的整个生活都是错误的，那该怎么办？"他忽然意识到，以前在他看来完全不可能的事也许的确是真的——他也许真的没有按照他本心去生活。他忽然意识到，自己以前那些难以察觉的念头，或许才是切实的，而其他一切则是虚假的。他的职业义务、他的生活以及家庭的整个安排，还有他的一切社会利益，也许完全都是虚无的。他一直都在说服自己，为所有这一切进行着辩解，然而现在，他感到自己的辩解苍白无力，一切为时已晚。

下回当你考虑做出一项决定而又不知是否应该支配自己时，你可以向自己提出一个问题，以帮助你做出选择："我还可以活多久呢？"只要你时刻考虑到这一逃不过去的问题，你就可以做出自己的抉择，同时让那些故步自封的人去自惊自扰、自怨自艾，去怀疑你的能力吧。

如果不这样做，你就像被囚在笼子里的人，顺从地按别人给你规定的方式度过一生。既然人在世界上逗留的时间如此短暂，你就应该按照自己的愿望去勇敢地生活。

实践版 幸福与智力无关

要想主宰自己，就需要摈弃一些常见的荒谬观点。其中最主要的一点就是认为衡量一个人的智力要看他能否解决复杂的问题，能否在阅读、写作或计算等方面达到一定水平，能否迅速地解答抽象的方程式。根据这种观点，只有高学历才是衡量一个人成就大小的标准。这会助长一种"高知势利"倾向，并会使得另外一些人悲观失望。人们现在往往以为，一个人如果拥有高学历，如果某一方面成就突出（如数学、科技、词汇量、记忆力或速读），他就是"聪明"的。事实上，衡量智力更切实的标准是：能否每天以至每时每刻都运用正向的能量，真正幸福地生活。

如果你很幸福，能充分地利用生命的每分每秒，你无疑是一个"聪明"的人。善于解决问题的确有助于实现幸福，但如果你懂得，尽管你不能解决某一具体困难，你仍能使自己保持精神愉快，那么，你就是聪明的。你的聪明就在于你拥有对付各种负面情绪（比如"神经崩溃"）的有力武器，你窥见了正能量的奥秘。

你或许会感到惊奇的是，事实上并不存在神经崩溃的问题。神经本身并不会崩断，假使通过解剖去寻找崩断的神经，你什么也找不到。"聪明"人没有神经崩溃的问题，因为他们能够支配自己。他们懂得如何摆脱消极情绪并得到幸福，因为他们知道如何"对付"生活中的难题。请注意，我并没有说"解决"问题。聪明人评价智力的标准，不是看其解决问题的能力如何，而是看其保持精神愉快、保持自我价值的能力如何。

因此，根据自己在困难条件下所选择的感情，你便可以确定自己是否是一个真正聪明的人。我们每个人所面临的生活困境几乎是一样的，因为任何人只要同其他人进行社会交往，就会遇到相似的问题。意见分歧、矛盾冲突和妥协让步都是生活中的常态。同样，金钱财富、生老病死、天灾人祸也是每个人无从逃避的问题。在这些问题面前，有些人能够经受住考验，不使自己心灰意懒，另外一些人则会一蹶不振，甚至神经崩溃。由此可见，一个人如果认为这些问题不过是生活的一部分，并且不以这些问题的存在与否作为衡量幸福的标准，那么他便是最聪明的——也是难能可贵的。

要想主宰自己，首先需要培养一种崭新的思维方式。这无比艰难，因为我们社会中的许多因素都妨碍着个人支配自己。**你一定要确信，你每时每刻都能做出情感上的选择。**你也许从小到大都认为，自己的情感是无法控制的；愤怒、恐惧、怨恨、爱慕、喜悦、欢乐……情感是自然而然产生的，个人对它无能为力，只能接受；你还可能认为，每当发生悲伤的事情，你就会自然地感到悲伤，并希望出现一些神奇的转机使你的情绪好起来。

情感是可以选择的

其实，情感并不仅仅是出现在你身上的情绪。情感是你自己对外界事物做出的心理反应。你如果主宰着自己的情感，就不会做出自我挫败性反应。**一旦你学会依照自己的选择控制情感，你就激发内心的正能量，踏上一条"智慧"之路。在这条道路上，绝无导致精神崩溃的歧途，因为你将把情绪视为一种可选因素，而不是生活中的必然因素。这正是走向真我、人生实现突破性改变的关键所在。**

现在，你可以通过逻辑推理，摈弃那种认为个人无法控制自己情绪的观点。借助于一个简单的三段论①，你便可以开始控制自己的思维和情感。

---

① 由一个共同概念联系着的两个前提推出结论的演绎推理。由大前提、小前提、结论三部分组成，亦称"三段论式"——译注

（1）逻辑三段论

大前提：亚里士多德[1] 是一个人，

小前提：所有的人脸上都有毛，

结　论：亚里士多德脸上有毛。

（2）不合逻辑三段论

大前提：亚里士多德脸上有毛，

小前提：所有的人脸上都有毛，

结　论：亚里士多德是一个人。

显然，在运用逻辑时，你必须注意大前提和小前提的一致。在上文例（2）中，亚里士多德可以是只猿猴或者是只鼹鼠。下面例（3）的逻辑推理，将有助于使你彻底摆脱那种认为无法主宰自己情感的观点。

（3）逻辑三段论

大前提：我可以控制自己的思想，

小前提：我的各种情感都来源于我的思想，

结　论：我可以控制自己的情感。

在上面的三段论中，你的大前提很明确。你有能力对自己头脑所接收的信息进行思考。如果某个信息"跳"进你的大脑（这还是你自己的决定，

---

[1] 亚里士多德（前384—前322），古希腊哲学家、科学家，形式逻辑的奠基人。这里作者以他举例——译注

尽管你或许不知其原因），你仍有能力将它打消掉而依然牢牢掌控自己的情绪。如果我对你说"想象一只粉红色的羚羊"，你可以将它想象成绿色的，也可以将它想成一只小土豚，要么就干脆随意想象其他事物。只有你自己才控制着进入你头脑的各种想法。如果不相信这点，请想想这个问题："如果你不控制自己的思想，谁来控制它呢？是你的爱人？上级？还是你的妈妈？"是你而且只有你控制着自己的思维机器（强行洗脑教育和条件反射实验等特殊情况除外，因为这不是你生活的一部分）。是的，你的思想属于你自己，完全由你决定是否加以保留、改变、审视或交流。除了你，谁都无法钻进你的大脑，也不能像你那样体验你的思想。**你的大脑完全属于你自己，你完全可以尽可能地做出努力，去控制自己的思想，产生积极的能量，并可以根据自己的意愿加以利用。**

其次，你的小前提是无可非议的，无论是科学研究还是常识判断的结果都可以证实这一点。没有思想，便没有情感；丧失了大脑功能，"感觉"能力也就不复存在了。一种感情是对一种思想的生理反应。只有从思维中心得到某一信息之后，人才会出现哭泣、害羞、心跳加速以及其他各种可能的情绪反应。一旦思维中心受到损坏或发生故障，你就不会做出任何感情反应。在大脑受到损伤的情况下，人甚至会感觉不到肉体的痛苦——即使将手放在炉子上烤焦了，也不会感到疼痛。因此，你的小前提是千真万确的。任何一种情感都必然产生于思想之后，因而没有思维，就没有情感。

你最后的结论也是必然的。如果你能控制自己的思想，而你的情感又来源于你的思想，那么你就能控制住自己的情感，即通过支配那些引起情感的思想来控制情感。你可能以为，是外界事物或其他人使得你精神不愉快。然而，这是不确切的。**使你精神不愉快的，正是你自己，因为你对生**

活中的人或事有着这样或那样的看法。**要使自己成为一个心情舒畅、精神健康的人，你就必须改变自己的思维方法。一旦做到这点，你将体验到新的情感，那么，你就在通往个性自由的道路上迈出了第一步。**

为了更为生动地认识这一个三段论，我们不妨来分析一下卡尔的情况。卡尔是一个年轻的办事员，上司认为他很笨，对他评价甚低，为此，他常常感到十分痛苦。但是，假如卡尔并不知道上司认为他很笨，他还会不愉快吗？当然不会的。他怎么能为自己不知道的事情而痛苦呢？所以，使得卡尔不愉快的原因并不在于上司对他的看法，而在于他自己的感觉。此外，卡尔不愉快的原因还在于，他确信别人的看法比自己的看法更为重要。

这一推理同样适用于各种事物及其他人的看法。某个人的死亡并不会使你感到悲伤；在得知其死讯前，你是不会悲伤的。使你悲伤的原因并不在于其死亡，而在于你对这一死讯的心理反应。台风本身并不使人抑郁，抑郁情绪是人类特有的。你如果由于台风而抑郁，那是因为你自己的反应使你感到抑郁。当然，这并不是说你应该欺骗自己去喜欢台风，而是说你可以想一想，"我为什么非要感到抑郁呢？" "这能使我更积极有效地解决问题吗？"

你从小到大一直接受的传统文化告诉你，一个人对他的情感是无能为力的，尽管逻辑推理证明人总是在支配着自己的情感。虽然你实际上控制着自己的情感，但你所学到的大量日常用语往往否认这一点。现在简要地列举一些此类常用语，你可以分析一下每句话的含义。

· "你真伤我的心。"
· "你使我不高兴。"

·"我的情绪就是好不起来。"

·"不知为什么，我就是觉得生气。"

·"他真使我讨厌。"

·"我一到高处就害怕。"

·"你使我感到难堪。"

·"她很讨人喜欢。"

·"你使我当众出丑。"

此类例子举不胜举。这些话含有共同的潜台词，即你对自己的情感是没有任何责任的。现在，我们将每一句话重新组织一下，使其更为确切，并说明你在驾驭着自己的感情，而且你的情感是由你对外界事物的看法而产生的。

·"我伤了自己的心，因为我是根据你的态度看自己的。"

·"我使我自己不高兴。"

·"我可以使自己的情绪好起来，但我就是要心烦意乱。"

·"我自己愿意生气，因为别人认为我控制着他们，而我通过生气便可随意摆布他们。"

·"我使自己感到讨厌。"

·"我一到高处就吓唬自己。"

·"我使自己感到难堪。"

·"我一见到她，就让自己喜欢她。"

·"我使自己感到出丑，因为我重视你的看法，而不重视自己的看法，并且以为大家都像你一样看待问题。"

你或许认为，前一部分中的每句话不过是一种修辞方式，它并不说明任何问题，不过是一种习惯用语而已。如果你这样解释问题，那么你不妨试问一下，后一部分中的每句话为什么没有形成口头语？答案很清楚：我们的文化环境提倡前者而排斥后者。

这里的寓意再清楚不过：**你应对自己的情感负责。你的情感是随思想而产生的，那么，你只要愿意，便可以改变对任何事物的看法，使内心充满积极正面的能量。**首先，你应该想一想：精神不快、情绪低沉或悲观痛苦到底有什么好处？而后，你可以认真分析导致这些消极情感的各种思想。

实践版 学会摆脱不愉快

掌握新的思维方法并不容易，因为你已习惯于一定的思维方法以及由此产生的各种消极观点，而摒弃迄今为止所养成的旧的思维习惯，非得花大气力不可。下功夫保持精神愉快是很简单的，但要学会摆脱精神不愉快十分困难。

精神愉快是人的一种自然状态，只要看一看天真活泼、无忧无虑的幼儿，就可以认识到这一点。保持精神愉快并不难，难的是摒弃过去所接受的"应该""必须"等框框。要想主宰自己，首先要有自我意识。尽量不要说"他伤了我的感情"一类的话。你在做每一件事时，都要意识到自己在做什么。在思维方面，也是温故方能知新。当然，你已经习惯于自己原有的思维方法，总是认为你的各种情感是外界因素作用的结果。要知道，你是用了成千上万个小时才养成并巩固了这种思维方法的，因而你也需要花成千上万个小时来掌握并运用新的思维方法，即对自己情感负责的思维方式。**的确，这并不容易，甚至很难，但只要持之以恒，你会感觉内在的正向能量越聚越多。你会产生新的认知，打破固有的惯性和依赖性，找到更有力量的自己。**

你不妨回想一下当初学习驾驶汽车的情景。你当时面临的难题似乎是无法解决的：脚踏装置有三个（离合器、刹车、油门），而你只能用两只脚来控制。事情的复杂性就在于此。慢慢地松开离合器，啊，放得太快了，车子猛地一颠……踩油门的同时放开离合器，右脚踩刹车，但是必须先放离合器，否则又要颠簸……总是要想，要用脑子。成百万的神经信息集合在一起：现在该干什么了？经过无数次的尝试、错误、再努力之后，终于有一天，你一坐进汽车就顺畅地上路了。车子既不会抛锚，行驶起来也不会一颠一停的，而你也不用每一步都思考了。这时，驾驶汽车已成为你的一种本能。你是如何做到这一点的呢？是在克服了重重困难、通过无数次的思考、探索和努力之后，才做到这一点的。

在进行手工操作活动时，你知道应该怎样调节大脑，如驾驶汽车时指挥手脚配合协调。大脑对情感的调节方式尽管不大为人所知，但道理是相同的。你现在所养成的各种习惯，是通过一遍又一遍地重复习得的，因而你难免会不愉快、生气、伤心或苦闷，因为你自幼便开始学习这种思维方式。你一直在默认并习惯这种方式，从未对它提出怀疑。然而，既然你能够学会选择不愉快、生气、伤心或苦闷，你同样也可以学会拒绝这些自我挫败的情感。

例如，别人告诉你，到医院去看牙是一件很可怕的事，因为它意味着痛苦。你便一直认为这让你抓狂，你甚至会说："我恨透了那个牙钻。"然而，这些都是你逐步学会的反应。只要你决定使看牙成为一件令人愉快的事，整个过程便会趣味盎然。如果你愿意，那么每当听到牙钻转动的声音，你可以想象它是一种美好的能引起快感的天籁，从而驱除那些喷涌而出的负能量。你可以从完全不同的角度来看待痛苦，并努力体验一种崭新的愉悦情感。如果一个人能够主宰并调节自己的感受，而不是消极地忍受痛苦，那将会多么有趣而令人兴奋！

你或许对此表示怀疑，可能会说："我可以愿意想什么就想什么，但只要他一开钻，我还是难受得要命。"如果是这样，那么请回想一下当初学开车的情景，当初你又是何时开始相信自己能够驾驶汽车的呢？**一种认识只有在一遍又一遍地重复之后，才能成为一种信念，如果仅仅尝试一次，便以失败为理由放弃努力，认识就永远不可能转变为信念。**

要想主宰自己，仅凭好奇心理去接触新的思想是不够的。你还必须下决心保持精神愉快，激活内在的正能量，对使你产生惰性的思想提出怀疑，并将其彻底摈弃。

你可以决定是否快乐

如果你仍然认为快乐由不得自己选择，那么不妨设想这样一种情况：每当你精神不愉快时，就要受到某种令人厌烦的处罚：单独关在一间屋子里达数月之久，在拥挤不堪的电梯里站三天三夜；没有吃的，或被迫吃一些你厌恶的饭菜，受到折磨——不是你对自己的精神折磨，而是别人对你的肉体折磨。试着想一想，假如不摆脱上述不愉快的心情，你就要忍受这些惩罚，那么，你的不悦情绪能持续多久呢？你大概在很短的时间内便可支配自己。所以，问题并不在于你能否控制自己的情感，而在于你是否愿意这样做。你要受到何种折磨之后才会做出这一选择呢？有些人宁愿发疯也不愿控制自己的情感，还有些人则干脆放弃努力、苟且偷安，因为在他们看来，别人施舍的怜悯要比自己精神愉快更有价值。

这里的关键问题是，你是否在生活的任何时刻都能选择愉快，或至少不选择难过。这个观点或许令人难以置信，但在你做出否定之前，首先应认真考虑，因为摈弃这一观点就等于背弃自己。如果你否认这一观点，那就说明你认为主宰你的不是自己，而是其他什么人，尽管如此，选择精神愉快可能要比处理令人烦恼的日常琐事还要容易一些。

你可以选择愉悦，摈弃难受。同样的道理，在日常生活中，你也可以选择自我充实，摈弃自我挫败。如果开汽车，你会遇到交通堵塞。在这种情况下，你会生气吗？你会咒骂其他司机，迁怒于他人他物吗？你如何为这种行为辩解？是因你一碰到交通堵塞便焦躁不安，完全无法自控吗？如果是这样，那说明你已经对自己在交通堵塞时的应变形成思维定式。不过，假如你决定思考一下别的事情呢？假如你以积极的方式利用自己的大脑呢？虽然这并非轻而易举之事，但你可以学着改变思考方式，逐步适应各种新的行为，譬如吹口哨、哼哼歌、打开电台听听音乐，你甚至可以推迟三十秒再发脾气。这样，虽然你并没有因此喜欢交通堵塞，但你已开始逐步进行新的思考。你已经决定摆脱不自在的感觉，选择用健康的新情感和新习惯逐步取代昔日自我挫败的行为。

显而易见，不论何时何地，你都可以尽力获得乐趣或启发。无聊的宴会和事务性会议都是你培养新情感的好场所。当你感到厌烦时，你可以积极地利用大脑，或者用几句关键的话扭转整个谈话的主题，或者构思你的新小说，或者制订出新计划，避免今后再面临同样糟糕的状况。**积极地使用大脑意味着：对你感到最为头痛的人和事做出评估，而后通过新的方法努力使其为你服务**。比如在饭馆里，你如果常常因为服务质量差而恼怒，那么你不妨考虑一下：为什么仅仅因为某人或某事不合意就大为恼怒？为如此微不足道的一个人或一件事而恼怒，实在太不值得。然后，你可以设想一些解决办法，比如离开这家饭馆，或者采取其他办法，但绝对不要自寻烦恼。利用你的大脑，让正能量真正为你所用，最终一定会养成随遇而安的好习惯。

正能量 实践版 健康的决定权在你手里

在做到上一步之后，你还可以通过选择，消除身体上的一些疾病，只要这些疾病不是由于某种机能失调而造成的。科学告诉我们，有些常见疾病的原因并不在于生理失调，例如，头痛、腰痛、溃疡、高血压、皮疹、痉挛，等等。

我曾接待过一位病人，她声称四年来，每天早上都头痛。早晨一到6点45分，她就等着头痛的到来，然后便吃上几片止痛药。这位病人还经常向朋友和同事们述说她的病痛。我向她指出，其实是她自己希望头疼，并以此引起人们的注意，是赢得别人同情和怜悯的一种手段。我还指出，她可以学会不选择头疼，并可以练习将头疼从前额的中间部位转移到头的侧面。她甚至可以前后左右地变换头痛的位置，从而学会控制头痛。于是，第二天清晨，她在六点半钟醒来，躺在床上等着头痛。当疼痛开始时，她将疼痛"想"到了头的另一个部位，就这样，她给自己选择了一种新的局面，最后终于规避了头痛。

越来越多的事实表明，人们甚至可以选择肿瘤、流感、关节炎、心脏病以及包括癌症在内的各种疾病，尽管人们一向认为这些疾病是自然产生的。在治疗一些所谓"不治之症"的患者时，研究人员认识到，帮助患者打消希望生病的念头，可能是消除内在病源的一种手段。有些民族就是这样消除病痛的，他们主张完全控制人的大脑，并认为"自我控制"实际上就是大脑控制。

人的大脑是由成百亿、上千亿的零件组成的，有着很大的贮存量，完全可以在每秒钟内接收很多信息。根据保守的估计，人脑可贮存的信息总量相当于 100 万亿个单词，而我们平时接触的单词仅仅是其中很小的一部分。大脑是你无论走到哪里都随身携带的一个强有力的工具，如果你愿意，就可以利用它做一些迄今为止你从未想到过的事情，在平凡的生活中创造奇迹。在阅读本书的每一章时，都要记住这一点，并且应该努力培养新的思维方法。

请不要急于认为上面这种控制方式不可能。不少医生都遇到过主动生病的患者，在这种情况下，是找不出其生理病因的。有些人在遇到难于应付的局面时会莫名其妙地生病；有些人在根本"不能"生病的时候拼命克制，而将疾病推迟到重大事件结束之后，然后完全病倒。这些情况在日常生活中都并不少见。

我知道一个 36 岁的中年人，他的婚姻生活极不美满。1 月 25 日，他决定在 3 月 1 日与妻子分居。到 2 月 28 日，他突然发高烧达 40 摄氏度，并且开始不停地呕吐。此后，他一再犯病——每当他下决心分居时，不是得流感，就是消化不良。不难看出，他是在自找病生。比起分居带来的内疚、忧虑、羞耻和陌生，生病毕竟要更加容易一些。

现在，我们来看看每天都可以见到的电视广告。

"我是一个股票经纪人……所以你不难想象我精神紧张和头痛的程度。我一吃这个药便活力倍增，心情愉快……"这个广告的含义是：如果你从事某种特定的工作（如教师、办事员），你就无法控制自己的精神状况，所以你需要求助于其他东西来解脱自己。

我们每天都接收到无数类似的信息，其中的寓意显而易见：作为人来讲，我们对外界无能为力，必须求助于其他人或外物。这真是荒谬至极。**只有你才能改变自己的命运，并给自己带来幸福。应该由你来支配自己的大脑，根据自己的意愿体验情感并为人处世。**

避免惰性这种负能量

当你审视自己选择幸福的能力时，应当记住，"惰性"一词反映着你在生活中的消极情绪。当然，你或许认为气愤、敌意、羞怯等其他情绪都是人们在某些情况下应该做出的反应，因而并不放弃它们。我们则认为，如果这些情绪会使你产生惰性，你就应当摈弃它们。

惰性的表现形式各种各样，包括极端的懒散状态以及轻微的犹豫不决。你会不会由于生气而不能说话、不能感觉或不能做事，会不会由于羞怯而不敢去见你希望结识的人？假如是这样，就说明你已经陷入惰性，并错过了你本应体验到的一些经历。又例如，你的嫌恶感和嫉妒心是不是使你患了溃疡或血压升高？它是不是妨碍你有效地工作？你会不会由于一时的消极情绪而无法入睡或不能过性生活？所有这些都是惰性的表现。**所谓惰性，就是一种负能量，是你无法按照自己的愿望进行活动的一种精神状态**。如果你的情绪使你陷入这种精神状态，那你就应立即努力摆脱这种情绪。

下面简单列举一些可能使你产生惰性的情况，并按其轻重程度排列如下：

当你陷入惰性时：

· 你不能亲切地同爱人或孩子交谈，尽管你希望这样做；

· 你不能从事自己喜爱的某项工作；

· 你不能与爱人进行亲密行为，尽管你有这种欲望；

· 你整天闷在屋里冥思苦想；

· 你不去打高尔夫球或网球，也不进行其他有趣的活动，因为你心情不愉快；

· 你不能主动去结识一个你所喜欢的人；

· 你避而不同某人谈话，实际上，你知道只要做一个很小的表示，便可改善你们的关系；

· 你由于焦虑而不能入睡；

·你由于生气而无法保持思路清晰；

·你辱骂自己所爱的人；

·你的脸在抽搐，或者由于精神过于紧张而不能按自己的意愿行事。

惰性的范围很广，所有的消极情绪，几乎都在一定程度上导致惰性行为。仅凭这一点，你就应从生活中消除这些消极情绪。也许你认为某种消极情绪有时可产生积极效果，例如，对小孩子生气地叫喊几声，表示你不愿意让他们在街上玩耍。假如这种叫喊仅仅是一种强调的手段，而且奏效了，那说明你采取的是积极措施。然而，如果叫喊并不是要说明一个问题，而仅仅是因为你情绪不佳，那么你便陷入了惰性。这时，你应该做出新选择以实现自己的目标，即停止叫喊，温和地与孩子沟通。

活在当下的重要性

克服惰性的方法之一是学会在当下中生活。触及你的"当下"是真正生活的关键所在。细想一下，除了"当下"，你永远不能生活在其他任何时刻，你所能得到的只是当下的时光，未来在到来时也只不过是另一个"当下"。有一点可以肯定：在未来到来之前，你是无法生活于未来之中的。然而，我们的惯性总是贬损当下的重要性——"为将来而积蓄""要考虑后果""不要过分注重享乐""想想今后""为退休做好准备"，等等。

在我们的传统习惯中，回避当下几乎成为一种流行性疾病。高压环境总是要求人们为将来牺牲当下。根据逻辑推理，采取这种态度，就意味着不仅要避免目前的享受，而且要永远回避幸福。难道不是吗？将来那一时刻一旦到来，也就成为当下，而我们到那时又必须利用那一当下为将来做准备。这样，幸福总是明日复明日，永远可望而不可即。

回避当下的表现形式各种各样，下面仅举四个有代表性的事例：

萨莉·福特太太决定到森林里散散步，与大自然对话，享受一下当下的时光。可是到了森林里，她的思绪又平静不下来，开始担忧起家里要做的各种事情：照顾孩子、买菜、收拾房间、处理账单……她忧心忡忡，坐立难安，当下就这样在回忆过去或思考将来之中流逝掉了，在自然中享受当下的一个难得机会也丧失掉了。

桑迪·肖尔太太到海岛上去度假，她每天都到海边晒太阳，但她不是为了享受日光浴的乐趣，而是在想着回家之后，朋友们看到她那红里透黑的皮肤会说些什么。她的思绪集中在将来的某一时刻，而当这一时刻到来时，她又会惋惜不能在海滨晒太阳了。

尼尔·普雷尔先生患有性功能障碍。当他与妻子在一起时，总是心不在焉地考虑着过去或将来的某些事情，而当下便在他眼前溜掉了。当他终于将精力集中到当下并开始鱼水之欢时，他又将妻子想象成另外一个女人，而妻子同样也在脑子里幻想着自己的情人。

本·费申先生在阅读一本教科书，并强迫自己读下去。他发现自己才读了几页，脑子就走神了，完全不知道刚才读的是什么，纯粹是在敷衍了事。他将当下的时光用于回想昨晚的电影或担忧明天的测验。

当下是一种与你形影不离而又难以捉摸的时光，你若能使自己完全沉浸于其中，便可享受到生命的美好体验。你应该充分享受当下的每分每秒，不去思虑已然过去的往日和自然会到来的将来。**抓住当下的时光，因为这是你能够有所作为的唯一时刻。不要忘记，希望、期望和惋惜都是回避当下的最为常见的方法。**

回避当下往往导致对未来的理想化。你可能会觉得，在今后生活中的某一时刻，由于一个奇迹般的转变，你将万事如意，获得幸福。一旦你完成某一特别的业绩——如毕业、结婚、生孩子或晋升，美妙的生活就会真正开始。然而，当那一时刻真的来临，却往往令人失望。它远没有你所想象的那么美好。回想一下你的第一次性体验。经过长时间的等待、期望之后，你并没有得到巨大的愉悦，反而可能会有些疑虑：人们为什么要在性问题上大做文章呢？也许你还会感觉，之前的所有期盼，都是值得的吗？

当然，如果某件事并没有达到你的期望，你可以通过对未来的再一次理想化而从消极的情绪中解脱出来。千万不要使这种恶性循环成为你固定的生活方式。立即采取一些当下可行的措施，快速做出改变。

早在1903年，亨利·詹姆斯便提出类似的忠告：

尽情地享受当下吧……你具体做什么无关紧要，关键是你要立刻行动起来……失去的就永远失去了，这是毫无疑义的……所谓适当的时刻，就是人们仍然能把控的当下时刻……

如果你也像托尔斯泰书中的伊凡·伊里奇那样回顾自己的一生，你将发现自己很少会因为做了某事而感到遗憾。恰恰相反，你会因错过某事而耿耿于怀。结论是十分明显的：行动起来，珍惜并充分利用当下的时光，不要放过一分一秒。如果你以自我挫败的方式挥霍当下的时光，就无异于永远地失去了这一刻。

所以，当下是有能量的，一个人如果懂得如何抓住当下的时光并充分加以利用，他便被带入一股正能量的旋涡里，他便选择了一种自由的、充实的、真正的生活，这是我们每一个人都可以做出的选择。

成长动力是最大的能量来源

当你决定在生活中保持愉悦并为之努力时，你可能有两种驱动力。比较普遍的一种是改善缺陷或不足产生的动力，另一种则更为积极，叫作成长动力，它是你最大的正能量来源。

如果将一块石头放在显微镜下仔细观察，你会注意到它没有任何变化。然而，如果放上一只珊瑚虫，你就会发现珊瑚虫在生长变化。结论：珊瑚虫是活的，石头是死的。应怎样区别一株活着的花和一株死掉的花呢？很简单：持续成长的那株花就是活的。生命的唯一标志是成长发展。这一标准同样也适用于人的精神世界。如果一个人的心智在持续成长，他就具有生命力；如果停止发展，他就失去了生命力。

人在生活中的动力应当是要求发展的迫切愿望，而不应是出于弥补不足的被动需要。只要你认识到自己可以发展成长，并不断充实自己的生活，这就足够了。当你决定要使自己陷入惰性或产生不健康情感时，你已经做出了停止发展的决定。**以发展为动力，就意味着发挥自己的生命力以取得更大的幸福，而不是因为自己有某些过失或不足，才感到有必要提高。**

| 022 |

Your
Erroneous
Zones
正能量
实践版

只要选择以发展为动力，你最终一定能够支配自己当下的生活。有了这种支配能力，你便可以主宰自己的命运，既不会感到力不从心，也不会人云亦云，毫无主见。有了这种支配能力，你便能够决定自己的外界环境。萧伯纳在其剧本《华伦夫人的职业》中写道：

人们通常将自己的一切归咎于环境，而我并不迷信环境的作用。在这个世界上，有所作为的人总是奋力寻求他们所需要的环境；如果他们未能找到这种环境，他们就会自己创造环境。

本章开头曾指出，改变一个人的思维、感觉或生活方式是可能的，但绝不是轻而易举的。应当记住这一点。我们不妨暂且做一个假设，假如有人用枪逼着你，命令你在一年之内完成某项十分艰巨的任务，比如，在两分三十秒内跑完一公里，或者从跳台上做·个标准的跳水动作；你若是完不成这一任务，便要被处死。在这种情况下，你就会为自己制订一个严格的计划，每天坚持训练，直到最后期限的到来。你将一遍又一遍地反复训练，绝不会放松努力或放弃训练。这样，你最后就有可能符合规定的要求，从而免于一死。

当然，这个小小的故事是要说明上面的道理。任何人都不能一蹴而就，然而许多人都期望自己的大脑能迅速适应新的要求。我们在努力学习新的思维方法时，往往希望在尝试一次之后，这种行为便会立即成为习惯。

如果你确实希望摆脱各种病态行为、在生活中有所作为并做出自己的选择，保持身心愉悦，你就必须像完成任何一项艰巨任务一样，对自己严格要求，摈弃迄今为止所养成的自我挫败的思维方式，控制自己的情绪，

激发出内心的正向能量。

为了做到这一点，你必须反反复复地告诫自己：你的大脑确实属于自己，你能够控制自己的情感。为了帮助你实现这些目标，本书以下各章将反复向你提出这些主题：你可以做出选择，而且只要你决定主宰自己，你就可以享受当下的时光。

第2章
爱是最大的正能量

社会告诉我们为他人着想，教会告诉我们爱你的邻人。似乎大家都忘记了"好好爱自己"，然而，你才是自己的主人，如果你想得到现实的幸福，就必须学会爱你自己。

Your
Erroneous
Zones

正能量 实践版

你可能患有一种社会性的"疾病"，一种并非打一针就好的疾病。你很可能沾染上自我轻视的病毒，唯一的治疗方法便是大剂量地服用"自爱药丸"。但是，像社会中许多其他人一样，你可能从小到大一直认为爱自己是不对的。**社会告诉我们为他人着想，教会告诉我们爱你的邻人。似乎人家都忘记了"好好爱自己"，然而，你才是自己的主人，如果你想得到现实的幸福，就必须学会爱你自己。**

从孩童时代起，别人就告诉你，爱你自己——尽管当时这对你是十分自然的——无异于自私和骄傲。你学会先人后己、多想别人，因为这样才显示出你是个"好"人。你学会自我埋没，并且常常受到"把你的东西分给妹妹"之类的教育，至于这些东西是你的宝贝还是珍爱的玩具，那都是无关紧要的，尽管妈妈或爸爸未必与他人分享他们大人的东西。你甚至会被告诫：你应当"坐在那儿别出声"，或者"你应该守规矩"。

儿童们自然认为自己是美丽的和重要的。但等他们到了十几岁，社会教育便在他们的思想中扎了根。人人都持自我否定态度，并随着岁月流逝越来越甚。毕竟，你不能总是爱你自己——否则，别人会怎么看你！

当然，这些社会信息的微妙暗示本身并不带有恶意，但它们的确束缚了个人意识。从父母、兄弟姐妹、学校、老师和朋友那儿，儿童们学会了这些冠冕堂皇的社会礼节——成年人之间所特有的"潜规则"。除非为了取悦大人，儿童们相互之间从不理会这些礼节。看看这些礼节吧：大人进来时要站起来；离开饭桌前要征得大人同意；容忍别人没完没了地拧脸蛋、拍头顶……其中的信息很明显：大人是重要的，小孩不算什么；别人是重要的，你自己是微不足道的。这样，首先产生的后果是"不要相信你自己的判断"，而后便是随"礼貌"而来的诸多后果。**这些所谓的"礼貌"，是你根据别人的评价来确定自我意识，降低自我价值的根源之一。毫不奇怪，这些自我怀疑和自我摈弃的定义会一直延续到你成年之后，你可能会感到难于爱别人，因为能否给他人以爱，直接取决于你爱自己的程度如何。**

爱的初步定义

不同的人对于爱有不同的定义。现在来看看下面这个定义是否合适：**爱，就是能够并愿意让你所关心的人根据他们自己的意愿处世做人，而不强求他们满足你的意愿。**从定义上讲，这或许说得过去，但实际上几乎没有人能接受这一定义。那么，你如何能够让别人根据其意愿处世做人而不强求他们满足你的意愿呢？**答案非常简单——爱你自己！意识到你是重要、美丽而有价值的。一旦你认识到自己的价值，便不必依赖别人提高你的价值，也不会强求别人的言行符合你的旨意。如果你有安全感，你便既不希望也不需要别人同你完全一样。首先，你是独一无二的。再者，强求**

别人与你一样将使他们失去自己的独特性，而你之所以爱他们正是因为他们有着独特、与众不同之处。这就对了。你首先学会了爱自己，很快便可以爱别人，并通过帮助自己、关心自己来帮助别人、关心别人。这样，你对他人的帮助中没有虚伪的成分。你帮助别人，不是为了博得感谢或获取奖赏，而是因为你从帮助别人或爱别人中能够享受到真正的快乐。

然而，倘若"你"是一个毫无价值、不为自己所爱的"你"，那么帮助别人则是不可能的。**如果你自己毫无价值，你又如何去爱别人呢？即便去爱，你的爱又有何价值呢？而且如果你不能给他人以爱，你也就不可能得到他人之爱。的确，如果将爱给予一个毫无价值的人，这种爱又有什么价值呢？爱——无论是给予他人还是得之于他人——首先要从完全自爱开始。**

就拿诺亚来说吧。这个中年人声称非常爱他的妻子和孩子。为表示这种爱，他给他们买贵重的礼物，带他们度假，住豪华舒适的旅馆，而且每当出差在外，他总忘不了在信里签上"亲爱的"。尽管如此，诺亚怎么也不能鼓起勇气对他们说"我爱你们"。他也非常爱他的父母，可对他们也同样不能表达自己的感情。诺亚想说："我爱你们。"这句话在他的脑海里反复萦绕，每当要说时，却连一个字也发不出来。

诺亚是这样想的："我爱你们。"这句话意味着他的表白。他这样说，别人也必须这样回答："我也爱你，诺亚。"只要他做出爱的表白，别人必须相应地确认他的自我价值。对诺亚来说，做出这一表白要冒很大风险，因为他或许得不到别人相应的回答，这样一来，他的全部价值也就成问题了。如果与此相反，诺亚从"我是值得爱的"这一前提出发，那么他在说"我爱你们"时便不会有任何困难。如果他在表白之后，并没有得到他所期待的回答，他将认为这毫不影响他的自我价值，因为他的自我价值从一开始便是完好无缺的。至于他的妻子、孩子或他所爱的其他人是否反过来爱他，那是他们的问题。他或许需要对方的爱，但这对他的自我价值并不是至关重要的。

你可根据自爱的能力来审视你所有的自我感觉。不要忘记，自我嫌恶无论如何都不是一种比自爱更健康的情绪。**即便你不喜欢自己的某些行为，也不要嫌恶自己，嫌恶自己只会使你陷入惰性并受到损害。**不要嫌恶自己，应当调整自己的心态——从错误中吸取教训，下决心不再重犯，无论如何都不要将错误与你的自我价值等同起来。

这便是自爱和他爱的实质所在。千万不要将你的自我价值与你的行为或别人对你的行为这两者混同起来，这同样是不容易做到的。社会的评判是不可抗拒的。大人们常常说："你是个坏孩子。"而不是说："你的行为不好。"妈妈常说："你要是那样做，妈妈就不喜欢你。"而不说："妈妈不喜欢你那样做事。"你从这些信息中可能会得出这样的结论："妈妈不喜欢我，这下我可完了。"而不是："妈妈不喜欢我，这是她的决定，尽管我不喜欢她的决定，但我仍是有价值的。"有位先生曾总结了根据别人的评断确定自我价值、将别人的看法与自我价值相等同的思维过程：

妈妈喜欢我，

我感到愉快；

我之所以愉快是因为她喜欢我。

妈妈不喜欢我，

我感到不愉快；

我之所以不愉快是因为她不喜欢我。

我是坏孩子，因为我不愉快，

我不愉快，因为我是坏孩子。

我是坏孩子，因为妈妈不喜欢我，

妈妈不喜欢我，因为我是坏孩子。

孩童时代的思维习惯并不随着年龄的增长自然消失。你可能仍在根据别人对你的看法来确定自我形象。尽管你最初是根据成年人的看法来确定自我形象，但你不应带着他们的看法过一辈子。不错，冲破旧框框的束缚，擦拭尚未痊愈的伤痕不那么容易，但如果和墨守成规的后果比较，还是后者更难对付。通过精神训练，你可以激发内在的正能量，做出某些使你惊奇的自爱选择。

善于爱的人是什么样的人呢？他们的行为是不是自我毁灭性的？否。他们是否妄自菲薄、自惭形秽？否。**要学会善于给予爱和得到爱，首先就要从自己做起，爱自己是最大的正能量，对自己不离不弃，下决心消除你所习惯的自我轻视行为。**

接纳不完美的自己

首先，你必须摈弃这一观点：你只有一个或积极或消极的自我形象，实际上，你具有许多自我形象，它们经常在变化。如果要你回答："你喜欢自己吗？"你可能倾向于将所有消极的自我形象汇集起来，对它们说

"不"。可是，如果你能具体分析自我嫌恶的表现与实质，你就可以明确努力的方向。

你对自己的身体、智力、交际能力和情感有着各种感受；对自己在音乐、体育、艺术、绘画、写作等方面的能力有着自己的看法。这样，你所参加的活动有多少，你的自我形象也就有多少，它们始终贯穿于这些活动之中，不管你是接受自己还是否定自己。你的自我价值——这个无时不在的伴侣，你的幸福感和自控力的顾问——绝不应与你的自我估价联系起来。你是存在的，你是一个人。有这两点就足够了。**你的价值是由自己决定的，不需要向任何人做出解释。你的价值与你的行为和感觉没有任何关系。你可能不喜欢你的某一特定行为，但这并不影响你的自我价值。你可选择并永远保持这一价值，而后便可着手解决自我形象方面的问题。**

从喜欢你的身体开始

这一切都以你的身体开始。你喜欢自己的身体吗？如果不喜欢，就请具体分析自己身体的每一个部位和器官，并列出你所不喜欢的每一项。从头开始：你的头发、前额、眼睛、眼睑、面颊。你喜欢你的嘴、鼻子、牙齿和脖子吗？喜欢你的手臂、手指、乳房和肚子吗？也包括内部器官：你的肾、脾、动脉和骨骼。总之，你可列出一张很长的单子，以彻底审视自己的身体。你或许并没有一个漂亮的身体，但你无从选择，不喜欢它，就意味着你没有把自己作为一个人来接受。

也许你的确有一些自己所不喜欢的身体特征。如果这些特征可以改变，就下决心去改变它们。如果你的肚子太大或发色不合适，你可将其视为过去做出的选择，现在再做出新的选择加以改变。至于你不喜欢而且又无法改变的那些特征（如腿太长、眼睛太小、乳房太小或太大），你可以用一种新的眼光来看待它们。任何事物都没有过好或过坏之说，腿长绝不比有头发或没头发更好或更坏。你或许在沿用当今社会对美的定义。**不要让他人来决定你喜欢什么，你应该努力去喜欢自己的整个身体，并使它既具有价值又富有美感，从而摈弃他人对你的比较和评论。你可以决定什么是可爱的，并与过去不接受自己的那种心理告别。**

你是一个人。人总是具有一定气味，发出某种声音并长出一些毛发。但是社会和美容业发出了某些关于各种评断的信息。这些信息告诉我们，要为人的这些生理特征感到羞耻；要学会粉饰打扮——特别是要用某公司的产品（粉底液、脱毛膏、假睫毛）来装扮自己；不要接受你自己，要掩饰你的真正自我，等等。

你如果看电视，不到一个小时就会收到这种信息。每天看到的广告使你讨厌你的嘴、腋窝、脚、皮肤所发出的气味。广告说："改用我们的产品，恢复真正、自然的感觉。"——好像你现在的身体状况并不是自然的，而非要浑身带着化妆品的馨香才能使你更加喜欢自己似的！于是，你在所有散发气味的部位洒上好闻的香水，因为你不接受自己，不接受同其他人一样具有的身体的一部分。

我认识一个 32 岁的中年男子，他叫弗兰克。他养成了嫌恶其所有身体机能的习惯，认为它们令人恶心到不行。弗兰克拼命地爱干净，以至于每当他出汗时便感到极不自然，并期望他的妻子和孩子同他一样绝对爱干净。每当他修整草坪或打完网球之后，都要赶快跑去洗个淋浴，冲掉身上所有讨厌的气味。此外，除非他和妻子事先和事后都洗澡，因为重度洁癖，他甚至不能进行正常的性行为。他既不能容忍自己身上的正常气味，也不能忍受其他人接受这种气味。弗兰克给卫生间喷洒空气清新剂，用各种各样的化妆品以掩盖自己的体味。当他同正常人一样发出自然的体味时，就生怕别人会讨厌他。他就这样养成了嫌恶自己身体自然机能和气味的习惯。他的态度也反映出他的自我嫌恶感，每当他的身体处于正常状态时，他就感到窘迫不安和充满歉意。然而，作为一个自然的人，他一定会散发许多自然的体味，致力于自爱和自我接受的人绝不会嫌恶其本真的面貌。实际上，如果弗兰克对自己完全诚实，消除了自我嫌恶感的话，他很可能会承认他喜欢自己的身体，喜欢他的身体所发出的美好气味，尽管他并不希望别人闻到这些气味，但他至少可以接受它们，并对自己说，他事实上喜欢这些气味，而且同别人在一起时，并不因此感到窘迫不安。

自我接受意味着接受你的整个身体，并消除上述强加于你的各种信息，以保持其自然状况，或至少容忍这种状况，这并不是说你要到处夸耀自己，而是你要学会喜欢自己。

许多妇女都接受社会的各种宣传信息，并根据这些信息打扮、美化她们的身体。这些信息是：剃去你的体毛，在身上洒上香水，清洗你的口腔，描眉毛、抹口红、涂面霜，衬垫你的内衣，涂抹你的指甲……这些信息的含义是，你的身体总有些地方不那么讨人喜欢，只有通过外力"修饰"才能使之富有吸引力。事情的可悲之处正在于此：浮华的表面掩饰了你本真的面貌。这些信息在鼓励你嫌恶那个美丽的你。不要因为厌恶自己而过度使用化妆品，更不要去尝试整形改变原本的面貌。**当然，在这方面对自己采取诚实态度是不容易的，随各种信息卷裹而来的负能量几乎令你窒息，**

但这是必须经历的阵痛，当我们感觉自己快要被痛苦撕裂时，内在的空间才有可能得到拓宽，正向的能量才会因此被激发出来。

驱除自我否定的负能量

就自我形象而言，你可以做出同样的抉择。譬如在智力方面，你可以按照自己制订的标准来表明你是聪明的。事实上，你越使自己愉快，你也就越聪明。如果你在代数、拼写或写作等方面比较差，这只不过是你到目前为止选择的自然结果。倘若你能在这些学科上多花些时间，你肯定可以大大提高自己的水平。你如果认为自己不太聪明，请回忆第一章关于智力的有关论述。你之所以低估自己是因为你在沿用人们对智力的通常概念，并根据学习成绩单的标准把自己与他人进行比较。

你或许会惊奇地得知，你可以通过选择使自己要多聪明就有多聪明。其实，一个人能力的大小完全取决于时间的长短，而绝没有什么天生的能力。美国学生成绩测验的平均分数可在一定程度上证明这一看法。这些分数表明，某一年级（如四年级）优等生所取得的高分数，后一年级（如五年级）大多数学生也都可以取得。其他研究结果表明，尽管大多数学生最后都掌握了所学科目，但一些学生要比另外一些学生掌握得更快。然而，人们往往将"学习差""智力迟钝"等帽子扣在掌握某一科目较为缓慢的学生头上。约翰·卡罗尔在其题为《学校学习的模式》一文中谈到这一问题，他写道：

智能就是一个人掌握知识或技能所需的必要时间。这一定义的含义是：

只要有足够的时间，所有学生都可以掌握所学科目。

　　是的，只要有足够的时间和适当的努力，你可以掌握任何学科或技能——如果你选择这样做。但由于各种充分的理由，你不必做出这一选择——为什么非要把精力耗在解决某些深奥晦涩的问题或学些你并不感兴趣的东西上呢？精神愉快、真正生活和人类之爱这些目标是更为重要的。问题在于，智力并不是通过赐予而得到的。你想要自己有多聪明，你就会有多聪明。不喜欢自己所做的这一选择，便是自我轻蔑，只会在你的生活中导致不良后果。

　　上面的道理适用于你头脑中关于自己的所有形象。你的选择决定你的社会性活动能力。如果你不喜欢你的某一社会性行为，你可以致力于改变这一行为，但绝不应将它与你的自我价值混同起来。同样的道理，你在艺术、技能、体育、音乐等方面的能力主要是你所做的选择的结果，也不应将它与你的自我价值混同起来。现在，你可以试试根据你认为合适的标准来接受自己。**改正那些不合适的标准是一件很有趣的工作，而且你也没有理由仅仅因为存在不足就觉得自己没有价值。**

　　自我嫌恶有着多种形式，你也可能陷入某种自我贬低行为之中。下面列举了一些经常出现的典型的自我否定行为：

　　·回绝别人对你的赞扬（"哦，这没什么……""这并不是我聪明，只是运气好……"）；

　　·为你的漂亮仪表做出解释（"是理发师的手艺好，他能把丑八怪打扮成仙女……""真的，主要是这衣服好……""绿色挺配我……"）；

· 当你理应得到赞扬时，却总归功于别人（"多亏了麦克，没有他，我真会一事无成的……""这工作都是玛丽做的，我只不过在旁边指点了一下……"）；

· 在说话时提及别人（"我丈夫说……""我妈妈觉得……""乔治常告诉我……"）；

· 希望别人证实你的看法（"对不对，亲爱的？……""我就是这么说的，对吧，玛莎？……""去问问我丈夫吧，他会告诉你的……"）；

· 在饭馆里，不去点你想吃的那个菜，并不是因为你吃不起（尽管你也许以此为理由），而是因为你觉得自己不配吃那个菜；

· 性生活时，没有满足感；

· 不给你自己买些东西，因为你总想到应给别人买些东西，尽管并不需要这样做；或不去买自己想要的东西，因为你觉得自己不配；

· 不去购买你所喜欢的花、酒一类奢侈品，因为你觉得这是种浪费；

· 在一个挤满了人的房间里，有人叫了声"哎，傻瓜！"你马上应声回头；

· 自己（而且也允许别人）对自己以贬义的绰号相称，如笨蛋、呆子、猪头、长脸、矮子、胖子或秃子，等等；

· 一位朋友或情人送给你一件珠宝礼物，你则在想，"……他家里一定还有满满一抽屉的珠宝可以送给别的女孩子"；

· 别人对你说，你今天气色挺好，你却在想，"他要么瞎了眼，要么就是想让我感到舒心"；

· 有人请你去吃饭或看戏，你却想，"一开始是这样，可当他发现我是什么样的人时，他还会这样请我吗"；

· 一位女友同意和你约会，可你觉得她是为了不伤你的心才同意的。

　　我曾接待过一位年轻妇女，她叫雪莉，长得非常漂亮，肯定有许多男性在追求她。但她坚持认为，她和曾接触的所有男友都不欢而散，而且尽管她非常想结婚，却没碰到过一次机会。通过咨询，我发现雪莉是在无意识地破坏每次接触的机会。如果一个小伙子告诉她，他喜欢她或爱她，她在心里反而会想"他知道我想听这句话才这样说的"。雪莉总是在说一些否定自我价值的话。由于她缺乏自爱，所以她也拒绝别人努力给她的爱。她根本不相信有谁会以为她长得好看。为什么呢？因为她首先就不相信她是值得爱的。这种周而复始的自我摈弃的思维方法，使得她更加以为自己是没有价值的。

　　上面所列的各种现象或许有不少是微不足道的小事，但在这些微小之处反映了自我摈弃的误区。如果你待自己刻薄或不让自己讲究一点儿享受——比如在饭馆吃饭时不去要一份牛排，而来一个汉堡包凑合，那是因为你认为自己不配享受。也许，别人一直在教育你：你不应接受赞扬，你其实并不漂亮，你真的不够努力，等等。你学到这些东西，等于让自我否定行为成为你的第二天性。**在日常的言谈举止中，存在大量的自我否定行为。每当你做出类似的行为时，你便将负面的能量积聚起来，并减少了生活中爱的机会——无论是自爱还是对他人的爱。现在，要试着驱散负面的能量，要相信你是有价值的，你值得过更好的生活，值得拥有完美的人生。**

抱怨是最消耗能量的举动

　　自爱，就是根据你的意愿将自己作为一个有价值的人而予以接受；接受，则意味着毫无抱怨。思维健全的人从不抱怨，尤其不会抱怨环境不利、气候不好、时机不成熟，等等。接受意味着不加抱怨，精神愉快则意味着不抱怨那些自己力不能及的事情。**缺乏自我肯定的人常常从抱怨、牢骚中求得慰藉。**向别人诉说你不喜欢自己的地方，只能使你继续对自己不满，因为别人对此无能为力，至多只能加以否认，可你又不会相信他们的话。向别人抱怨无济于事，同样，让别人无休止地倾诉其痛苦也只会使对方消蚀心智。要结束这一无益而讨厌的行为，只消问一个简单的问题："你为什么要给我讲这些？"或者"我能帮助你解决这个问题吗？"你要是向自己提出这些问题，就会认识到，你的抱怨是非常荒唐可笑的，是在浪费时间，而你本可以用这些时间来进行改善，比如默声自我赞扬，或帮助别人实现其愿望。

世界上最令人难以接受的抱怨无外乎两种：一是告诉别人你很累，二是告诉别人你觉得身体不太舒服。如果你觉得累，你可以选择其他方式来解除疲劳，但向一个普通人——且不说心爱的人——抱怨则无异于给他人增加负担，而且这也不会使你感到好受一些。同样的逻辑也适用于"身体不舒服"的抱怨。

请注意，这里所指的并不是这样一种情况：当别人可以通过某种方式帮助你时，你向他们倾诉自己的不快。我们所不赞成的，是你在别人除忍受抱怨外无能为力时发牢骚。你如果真正致力于自爱，那么当你遇到痛苦或不快时，你就会自己想办法从中解脱，而不是依赖别人来分担你的烦恼。

抱怨自己是一种无益的行为，这样做会妨碍你真正地生活，促使你产生自我怜悯并阻碍你努力给他人以爱并接受他人之爱。此外，这种行为还使你难于改进你与他人的感情关系，不利于你扩大社会交往。尽管抱怨行为会使你得到别人的注意，但这种注意将明显地给你的幸福罩上一层阴影。

如果要不加抱怨地接受自己，就必须懂得，自爱和抱怨两种行为是互相排斥的。**抱怨是最消耗正能量的无益举动，如果你真爱自己，就毫无理由向那些无力帮助你的人发出抱怨。如果你在自己（或别人的）身上发现你所不喜欢的东西，你可以积极地采取必要措施来改正，而不应抱怨。**

下回当你参加七八人以上的社交晚会时，可以试试下面这个做法。留心记下人们在谈话中有多少时间是在抱怨——抱怨自己、抱怨他人、抱怨时事、抱怨物价、抱怨天气，等等。晚会结束之后再问问你自己："今晚这么多牢骚话中有哪些解决了实际问题呢？""谁又真正注意到今晚我们所抱怨的这些事情呢？"这样，下一次你再要抱怨时，就会适可而止了。

自爱与自负的区别

你可能会认为，上面所论述的自爱行为是一种近似于极端利己主义的令人反感的行为。这实在是一种极大的误解。自爱与那种到处夸耀自己多么了不起的行为毫无共同之处。后一种行为不是自爱，而是企图靠自吹自擂来赢得他人的注意和赞许。它与自我轻蔑一样都是病态行为。自负行为的目的在于赢得他人赞许，采取这些做法的人是根据别人对他的看法来评价自己。如若不然，他便没有必要靠自吹自擂来说服别人。自爱则意味着你爱你自己，它并不要求别人爱你，因而也没有必要说服别人。只要你接受自己便足够了，自爱与别人对你的看法如何毫不相干。

不爱自己的"好处"

为什么有人会不爱自己？这有什么好处？没错，这种行为的确有些"好处"——尽管是不健康的，你可就此进行审视。这是学会真正成长的核心所在——弄清楚为什么你会做出自我挫败行为。所有行为都有其原因，而在消除任何自我挫败行为的道路上，到处都有误解你自己的动机的障碍。一旦你认识到你自我怨恨行为的原因及其支持系统，你便可着手纠正这种行为。反之，如果没有理解自我，那么这种自我怨恨行为将会继续反复出现。

你为什么非要选择自我摈弃行为？很可能是因为接受别人的看法，比自己进行思考要容易得多。除此以外，还有其他"好处"。如果你不爱自己，并认为别人比你更为重要，你就可以：

·总有现成的借口为自己在生活中得不到爱而辩解，也就是说，你认为自己根本就不值得别人爱。这个借口看似病态，却常常被你当作挡箭牌。

·避免与别人建立爱的关系，从而避免任何风险，也免除了遭到拒绝或驳斥的任何可能性。

·认为还是保持现状来得容易。只要你没有价值，那就根本没有必要努力成长或使自己更加充实和愉快，其"好处"便是不求进取。

·从别人那儿得到许多怜悯、注意甚至赞许，巧妙地取代了建立爱的关系所涉及的各种风险。这样，得到怜悯和注意便成为自我挫败性的

"好处"。

·总有许多替罪羊来为你的痛苦承担责任。你总可以责备其他的人或事，从而不必努力使自己从痛苦中解脱出来。

·总是意志消沉，不做任何事情来改变自己的处境，把自我怜悯作为一种安全的解脱方法。

·认为他人比自己更为重要，从而加强依赖他人的行为，好处是有人可以依赖，即便这种行为使你受害。

·不能主宰自己的生活，不能根据自己的选择去生活，原因就是你认为自己不配享受你所渴望的幸福。

这些"好处"，便是你自我轻蔑支撑系统的主要组成部分，也是你之所以固守旧习的原因。不错，贬低自己总比提高自己来得容易和保险；但不应忘记，活着的目的之一便是成长发展，所以如果拒绝成长成为一个自爱的人，则无异于选择死亡。在对自己的行为有了这些深刻认识之后，你便可以着手为发展自爱而进行一些精神和心理练习。

■实践版 "爱自己"的正能量练习

自爱练习首先始于你的思想，你必须学会控制自己的思维。这就要求你无论何时何地都要及时有意识地发现自己的自我轻蔑行为。如果你能当场"捕获"这种行为，你便可以审视这种行为背后的思想过程。

譬如，你发现自己刚说了句自我贬低的话，如"我真没什么了不起，这回考试得优秀，我想只不过因为运气好"。这时，你头脑中应马上敲响警钟："我又说这种话了，又做出这种自我嫌恶行为了。但我现在已经意识到了，下回我不会重蹈覆辙。"你的战略方针是纠正自己的话，对自己大声说："刚才我说我运气好，可这和运气根本没有什么关系。我考试得优秀是因为我应该得优秀。"这便是向自爱迈出的一小步，这一小步便是你意识到刚才的自我贬低行为，并决定纠正它。以前，你曾有自我贬低的习惯，现在，你意识到需要纠正它，并决定努力纠正它。这就像学开车时换挡变速一样，到最后你将会养成一种新的习惯，而不必时刻考虑着自己的动作。你很快就会自然而然地习惯于各种自我爱慕行为。

一旦你有了正确的思想认识，令人振奋的自爱活动便出现在地平线上。下面列举了若干此类自爱行为，自我价值的建立能启发你的自尊感，因而你还可以进行其他新的行为练习：

——以爱或接受的态度来对待别人的善意表示。当别人做出善意表示时，不要马上表示怀疑，而应接受这些表示，同时说声"谢谢"或"你那样认为，我很高兴"。

——如果你觉得自己确实在爱着某一个人，就去当面大声告诉他"我爱你"。在你等待对方的反应时，你可以为自己敢于冒此风险而感到欣慰。

——在饭馆里，不管其价钱如何，要一份你十分喜欢的菜，让自己享享口福，因为你有资格吃这道好菜。在所有商店（包括在杂货店）选购你喜欢的东西，让自己享用所喜欢的商品，因为你配得上这种享受。同时，杜绝这方面的自我克制行为，除非这种行为是绝对必要的，但这种情况极为少见。

——在一天的劳累之后，睡一小会儿，在一顿饱饭之后，到公园去散散步，而不管你有多少事情要做，这样可以调节情绪，使你精神振奋如新。

——加入一个组织，或报名参加一项自己喜欢的活动。也许你是个家庭主妇，以前因为家务事太多而无法抽出时间这样做。如果你决定爱自己，并想从各个方面去体验自己所向往的生活，那么你照顾的那些人将学会自我依靠，而且你也不会因此对他们产生怨恨。这样，你为这些人服务是出于选择，而不是义务。

——认清嫉妒是一种自我贬低的弊病，从而予以摒弃。如果你把自己同其他人加以比较，并因此认为自己得到的爱比他人要少，那么你就是将他人看得比你还重要，你是在通过别人来衡量自己的价值。记住：（1）别人总可以选择其他人，这一选择与你无关；（2）你是否会被另一重要人物所选中并不能证实你的自我价值。否则，你肯定要无休止地怀疑自己，因为你不可能知道某个人在某时某刻会怎样看你。只要练习自爱，就可以扭转你曾为之嫉妒的任何情况。你将如此相信自己，以至于无须通过他人的爱或赞许来提高自己的价值。

——你的自爱活动也可以包括用新的方式来对待自己的身体，如选择富有营养的美味食品，减肥（身体过胖既会导致健康上的问题，也会引起心理上的自我嫌恶），经常散步或骑车郊游，进行大量的健身活动，到室外呼吸新鲜空气（因为这使你感到舒畅）……总而言之，应该使你的身体保持健美，但关键在于你自己是否希望健美。因为你是重要的，你要这样对待你的身体。你要是整天闷在屋子里或整天做着单调乏味的常规性事务工作，那就是和自己过不去。而在进行自爱练习之后，如果你自己愿意闷在屋里，那便是你所做出的另一选择，这倒不是和自己过不去。

——在性的方面，你也可以通过练习，增强自爱。你可以裸体地站在镜子前，告诉自己你是多么漂亮。你还可以抚摸你的身体，探索自己，使自己得到极大的享受。在性生活方面，你也可以选择得到性满足，而不应认为你爱人的享受比你的享受更为重要。只有选择自己的满足，才能给他人以快乐。如果你没有得到快乐，那么你的爱人也通常会感到失望。此外，当你为自己选择快乐时，别人也可更好为他们自己选择快乐。你可以放慢性的整个过程，用言语和动作来告诉你的爱人你喜欢什么。为什么？因为凭你的价值应该得到这种享受。

——你将不再把你在任何方面的成败与你的自我价值等同起来。你可能会失去工作，或在某一活动中失败，你可能不喜欢你干这事或那事的方式，但这并不意味着你毫无价值。你自己必须懂得，不论你迄今为止成就如何，你都有着一定的价值。不懂得这一点，你就会把自己与你所参与的活动的成败混同起来。无论是根据外部成就确定你的自我价值，还是将其与别人对你的看法联系起来，都是荒谬的。一旦认识到这一点，你就能从事各种有益活动，而其结果——尽管你或许会感兴趣——则绝不说明你作为一个人的价值如何。

这些行为（以及许多相似的行为）便是那些自爱的人的所作所为。这些行为可能与你在成长过程中所学得的那些道理是背道而驰的。其实，你在生活中，曾一度是个小自爱者——当你还是咿呀学语的幼儿时，就已经本能地知道自己是重要的。

现在，让我们回头看看本书序言中的有关问题：

· 你能不加抱怨地接受自己吗？

· 你能始终如一地爱自己吗？

· 你能给予他人以爱并得到他人的爱吗？

这些，便是你需要努力解决的问题。你现在就可制订出你的目标，去爱世界上最美丽、最有活力、最富有价值的人——你自己。

第3章
你无须得到别人的赞许

别人赏赐的赞许可以成为一种强大的支配力量。你的价值完全取决于别人的看法，一旦别人不再施舍赞许，你便一无所有。

Your
Erroneous
Zones

正能量

实践版

你可能花费了大量时光竭力赢得他人的赞许，或因得不到赞许而忧心忡忡。如果寻求赞许已成为你生活的一种需要，那么你现在就该做出改变。首先，你应该认识到：寻求赞许与其说是生活之必需，不如说是个人的欲望。当然，我们都愿意博得掌声、听到赞扬或受到称颂。谁不愿意如此呢？在精神上得到抚慰会给人一种美妙的感觉，而且也的确没有必要在生活中放弃这种享受。赞许本身无损于你的精神健康；事实上，受到恭维是十分令人惬意的。寻求赞许的心理只有在成为一种需要而不仅仅是愿望时，才成为一种负能量来源。

如果你希望得到赞许，那仅仅是乐于得到他人的认可。但如果你需要赞许，那么当你未能如愿以偿时便会十分沮丧。这正是自我挫败的关键所在。同样，**当寻求赞许成为一种需要时，你就会将自己的一部分价值奉献给"外人"，因为你必须得到他人的赞许。假如这些人提出反对意见，你就会产生惰性（即使是轻微的惰性）。在这种情况下，你是在将自我价值置于别人的控制之下，由他们随意抬高或贬低。只有当他们决定给你施舍一定的赞许之词时，你才会感到高兴。**

需要得到他人的赞许就够糟糕的了，如果在每件事上都需要得到每一个人的赞许，那就糟糕透顶了。如果是这样，你势必会在生活中遇到大量的痛苦和烦恼。此外，你会慢慢建立起一种平庸的自我形象，随之产生的便是前一章所论述的自我否定心理。

毫无疑问，你要在生活中有所作为，就必须完全消除需要得到赞许的心理！它是精神上的死胡同，绝不会给你带来任何益处。

人在生活中必然会遇到大量的反对意见，这是现实，是你为"生活"付出的代价，是一种完全无法避免的现象。我曾接待过一位名叫奥齐的中年人，他就是一个典型的具有"需要赞许"心理的人。奥齐对于现代社会的各种重大问题都有着自己的一套见解，如人工流产、计划生育、中东战争、犯罪事件、社会时政，等等。每当自己的观点受到嘲讽时，他便感到十分沮丧。为了使自己的每一句话和每一个行动都能为每一个人所赞同，他花费了不少心思。他向我谈起他同岳父的一次谈话。当时，他表示坚决赞成安乐死，当他察觉岳父不满地皱起眉头时，便几乎本能地修正了自己的观点："我刚才是说，一个神志清醒的人如果要求结束其生命，倒可以采取这种做法。"奥齐在注意到岳父表示同意时，才稍稍松了一口气。他在上司面前也谈到自己赞成安乐死，然而却遭到强烈的训斥："你怎么能这样想呢？这难道不是对生命的亵渎吗？"奥齐实在承受不了这种责备，马上改变了自己的立场："……我刚才的意思只不过是说，只有在极为特殊的情况下，如果经正式确认绝症患者已经脑死亡，那才可以截断他的输氧管。"最后，奥齐的上司终于点头同意了他的看法，他又一次摆脱了困境。当他与哥哥谈起自己对安乐死的看法时，哥哥马上表示同意，这使他长长地出了一口气。终于迎来唯一的一次胜利，奥齐甚至已经准备好了补救说辞。上述几个例子都是奥齐在讲述他通常如何与人打交道时举出的，他在社会交往中为了博得他人的欢心，甚至不惜时时改变自己的立场。就独立人格而言，奥齐这个人是不"存在"的，所"存在"的仅仅是他人做出的一些偶然性反应；这些反应不仅决定着奥齐的感情，还决定着他的思维和言语。总之，别人希望奥齐怎么样，他就会怎么样。

一旦寻求赞许成为一种需要，做到实事求是几乎就不可能了。如果你感到非要受到夸奖，并常常做出这种暗示，那就没人会与你坦诚相见。同样，你不能明确地阐述自己在生活中的思想与感觉。你就会为迎合他人的观点与喜好而放弃自我价值。

一般而言，政治家们往往不为人们信任。他们极为需要得到他人的赞许，否则便会一事无成。因此，他们总是见风使舵，为迎合一些人而表示一种观点，为取悦于另一些人提出另一种观点。一个人如果没有固定的立场，为取悦于所有人巧妙地改变着对各种问题的看法，他就没有任何诚意可言。政治家的这种行为是不难察觉的，然而要意识到自己的这种缺陷则不那么容易。或许你会为不惹某人生气而"保持冷静"，或许你由于担心失宠而违心地附和他人的意见。你知道自己一旦受到斥责就会不愉快，所以为了避免不愉快，你不得不随时调整自己的行为。

的确，应付受人斥责的局面很不容易，而采取为人所赞许的行为则容易得多。但如果为回避困难而选择后者，那就意味着你认为别人对你的看法比你的自我评价更为重要。这是一个在我们的社会中难以避免的危险陷阱。

为了避免落入寻求赞许的陷阱，为了使自己不为他人意见所左右，有必要审视一下促成寻求赞许需要的各种因素。下面我们简要地回顾一下寻求赞许行为的演变过程。

需要赞许是一种负能量

需要赞许的心理是基于这样一个看法之上的："不要相信你自己，先听听别人的意见如何。"我们的社会总是强调，寻求赞许的行为是一种生活准则。独立思考不仅不合常规，而且是我们社会传统的大敌。你如果在这种社会环境中长大，便或多或少会带有这种特性。"不要过于相信自己"，这便是需要赞许心理的实质所在，也是我们整个文化传统的主流观点。应该将他人的意见看得比自己的意见更为重要，这样，如果你得不到他人的赞许，就完全有理由感到内疚、情绪低落，甚至觉得自己毫无价值，因为别人比你更为重要。

别人赏赐的赞许可以成为一种强大的支配力量。你的价值完全取决于别人的看法，一旦别人不再施舍赞许，你便一无所有，你会觉得自己一钱不值。因此，需要赞许是一种负能量，你越是需要得到恭维，就越有可能受到别人的支配。相反，如果你采取步骤，努力培养自我赞许意识并不为他人的意见所左右，那你就会逐步摆脱他人的控制。你在这方面的积极行动总要遭到某些人的非难，他们斥之为自私、冷漠或不体谅他人，等等，其目的就是使你不能独立。这种恶性循环使你任人摆布，为了认识这一点，你应当审视一下我们社会中促使你寻求赞许的大量信息，即那些从你的孩童时期就一直影响你的各种信息。

寻求赞许的童年阴影

在此必须强调的是，儿童在其性格形成时期的确需要得到对其有影响的成年人（如父母、教师）的赞许。然而，这种赞许不应以要求孩子规规矩矩为条件，也不应当要求孩子每一句话、每一个想法、每一种感情或每一项行为都征得父母的同意。孩子自开始懂事起，便可以逐步培养其自我依靠的意识。在阅读这一章节时，不应将寻求赞许与寻求关爱混同起来。为使孩子长大之后摆脱需要得到赞许的心理，最好从一开始就从多方面给他以大量赞许。然而，如果孩子长大之后，总觉得未取得父母的许可，便不知如何思维或行事，那么自我怀疑的种子就已在其大脑扎根了。**我们说，寻求赞许的心理是一种自我挫败性需要，是指孩子总是出于习惯于根据妈妈或爸爸的意图行事，而不是指孩子希望得到爸爸妈妈体贴入微的疼爱与喜欢，这种心理就像一个阴影，或者像一个"负能量环"，在孩子心里产生了"锚定"的效果，伴随他们长大。**

我们的文化传统大都会教育儿童去依赖他人，而不应过于信赖自己的判断。每件事情都要问问爸爸妈妈。"我吃什么呢？""什么时候可以吃糖？""可以吃几块糖？""我可以同谁玩呢？""什么时候可以去玩？""在哪里玩？"而妈妈会说："这是你的房间，但你要收拾好！衣服挂在钩子上，被子要叠好，玩具放在盒子里。"如此等等，不一而足。

下面的这类小对话也会进一步加强孩子的依赖性和寻求赞许心理：

"玛丽，你愿意穿什么就穿什么吧。"

"妈妈，你看我穿这一身衣服好吗？"

"哎呀，小宝贝，这不行！斜条花纹上衣跟圆点图案的裙子不相配！快回去换件合适的上衣或裙子。"

一星期之后……

"我应该穿什么呢，妈妈？"

"我不是告诉过你吗，随便穿什么都行——怎么老要问我呢？"

的确，为什么呢！

在食品店，售货员问孩子："你想要块巧克力吗？"孩子则看看妈妈，问道："我可以要块巧克力吗？"——他已经学会事事征求父母的意见，甚至对于他是否可以要件小东西也是如此。从玩耍、吃饭、睡觉一直到交朋友和思考问题，幼儿在家庭里很少受到自我依靠的教育。这种情况的根源在于，爸爸和妈妈在内心深处认为，孩子是属于他们所有的。做父母的常常将孩子视为自己的财产，而不是帮助孩子去独立思考、独立解决问题，并由此建立起自信心。

纪伯伦在诗集《先知》中，生动地谈到被视为财产的孩子们：

你的孩子并不是你的孩子，

他们是生命之火的儿女。

他们通过你来到人世，但不是你的化身；

他们和你生活在一起，但并不属于你。

| 054 |

Your
Erroneous
Zones
正能量
实践版

事实上，父母亲这种做法的影响反映在每一个"具有依赖性"的孩子身上。孩子每次吵架或打架几乎都要由妈妈出面干预才会停止，她成了仲裁人；每当哥哥欺负妹妹时，她总是可以向妈妈哭叫告状；妈妈得替孩子去思考、感受并采取行动。不要自己去克服困难，有爸爸妈妈呢！即使你有能力，也不要自己独立做出决定，首先应该听取别人的意见。

儿童是不愿意百依百顺的。所有与小孩子打过交道的人都可以提出不少这方面的事例。许多做父母的都向我谈到他们在给孩子进行排便训练时的亲身体验。他们说，孩子似乎明白应该怎样做，而且也能控制自己，可偏不听话。这就是孩子对于需要父母赞许的第一次切实反抗。这其中的信息是："你可以告诉我吃什么、穿什么、同谁玩、什么时候睡觉、什么时候回家、玩具应放在哪里，甚至可以告诉我应该想些什么。但是，我只有在愿意时，才会这样做。"这就是对时时事事都需要爸爸妈妈赞许的首次有效的反叛。

你或许会记得，在孩提时代，你希望自己思考问题，不希望依赖他人。当你三四岁时，爸爸要是帮你穿衣服，你会说："我自己能穿。"但你得到的答复往往是"我来给你穿，我们可没时间再磨蹭了"，要不就是"你还太小"。要求独立的火花、想独立做人的愿望在你儿童时期十分强烈，不过由于对爸爸妈妈的依附性，你的这些火花总是一闪即逝。如果你非要独立，社会就会不满意；如果社会对你不满意，你也必须对自己不满意。你的父母就是这样出于好心，逐步培养你的依赖性和需要赞许的心理。做父母的都不希望孩子受到任何伤害，因而他们总是执意不让孩子卷入任何危险之中，然而，结果往往适得其反。如果一个人根本不懂得身处逆境（解决个人争执、对付别人的侮辱、为荣誉而拼搏、自谋其生等）时如何依靠自己的思维与力量，就不可能独立地生活。

在你的孩童时期，社会和家庭向你灌输了许多寻求赞许的信息，尽管你或许已经不记得这些信息。各种"听爸爸妈妈话"的信息的确保证了你的安全与健康，但其他的信息则是向你灌输一种十分重要的意识——规矩的行为，为他人所赞许的行为。你本来是应该得到这种赞许的，但现在是在取悦他人之后才能得到。这里的关键问题并不在于赞许与否，而在于应当不附带任何条件地给孩子以大量赞许，而不是将赞许作为对孩子规矩行为的奖励。在我们的社会里，绝不应当鼓励孩子将自我价值与他人的赞许这二者混同起来。

教育中的寻求赞许误区

当你离开家来到学校时，你又到了一个专门向你灌输寻求赞许信息的地方。做每件事情之前都要征得同意，不要过于相信自己的判断：先向老师报告再去上厕所，坐在指定的位子上，犯错受罚就不能离开座位——学校在各个方面倡导的都是要接受控制。你所学到的不是思考问题，而是不要自己思考问题。老师总是在教你做这做那：把纸折成 16 个小方格，并且不要把字写在折线上；今晚预习第一课、第二课；练习拼写这些词；要这样画画；阅读这本书。总之，你受的教育就是要唯命是从。如果有疑问，就应请教老师。如果你招惹老师生气，甚至招惹校长生气，那你就得几个月都感到内疚。成绩报告单的目的就是向你爸爸妈妈汇报你在学校赢得了多少赞许。

另一方面，如果你去读一读你们学校的教学大纲——它也许是为应付检查团制定的，你很可能会发现其措辞基本如下：

本校的宗旨是全面教育、培养每一个学生。本校安排的课程将适合每个学生的具体需要。我们全力促进全体学生充实自己，并发展个人能力。

教学大纲的这些富丽堂皇的"宗旨"往往只这样写写而已，有几个学校或教师敢于将其付诸实践呢？要是有哪个学生显示出自我发展和自我支配的迹象，他就会立即受到训斥。那些具有独立性、充满自爱、不轻易内疚和忧虑的学生，都被扣上"调皮捣蛋"的帽子。

善于独立思考的孩子在学校里是吃不开的。在许多学校，争取被人赞许才是取得成功的必由之路。"老师的宠儿"以及"马屁精"等绰号在学校里得以长期流行，是有其道理的。这类人确实存在，而且还混得不错。你如果听老师的话，学好老师给你制定的课程，从而博得他的赞赏，你就会顺利毕业。虽然这样一来，你的自我依靠性几乎时时处处都要受到影响，从而使你产生一种急需得到赞许的心理，但你还是取得"成功"了。

待到学生进入初中时，他通常已经熟知寻求赞许的要旨。当辅导老师问他希望在高中上哪几门课时，他的回答是："我不知道，您说我应该选哪些课程呢？"到了高中，他会感到难于确定自己的课程，如果别人为他做出决定，他反倒更为自在一些。在课堂上，他将学会不对老师的话提出疑问；他将学会规规矩矩地写作文，正确地解释《哈姆雷特》；他将学会写论文，但并不是根据自己的观点和认识来写，而是通过引用他人的话、抄写参考资料来说明自己提出的每一观点。一个学生若是不学会这样做，便要受到惩罚：既得不到好分数，也得不到老师的赞赏。直至毕业，学生仍感到很难自己做出任何决定，因为一连12年，老师一直在告诉他应如何思考以及思考什么。他所受到的实际教育就是遵循老师的教导，可如今，毕业在即，他却连独立考虑问题的能力都没有。然而，他仍渴望得到赞许，他知道只要获得他人的赞许，就能精神愉快，万事如意。

到了大学，学生们依然接受着同样的教育：写两份学年论文，注意正确格式，两边留出规定的空格，用打印机打出来，要有导言、正文和结论，研究一下这几个章节……真是一条地地道道的大型装配线。要循规蹈矩，要讨教授欢心，你便可以万事大吉。等到研究班举行讨论会时，教授会对学生们说："这个学期，你们可以根据自己的兴趣在任何方面进行研究。我将帮助你们选择研究主题并帮你们进行研究，但这是你们的学习，你们可以按照自己的意愿做出安排。我将尽可能给你们以帮助。"然而，随之而来的是一片慌乱："我们要写几篇论文呢？""什么时候交？""要打出来吗？""要看哪些书呢？""要考几次试？""考哪些问题？""论文要写多长？""两边空几格呢？""要每天来上课吗？"

这些问题都是需要寻求赞许的人才提出的，鉴于我们上面审视的教育方法，这种情况并不奇怪。学生受到的训练就是为他人做事，博取老师、教授的欢心，竭力使自己符合他人的标准。他已建立起靠寻求赞许而生存的思维系统，以上种种问题便是这一系统的产物。他害怕独立思考，因为按照别人的要求行事总是更为简单、稳妥。

| 058 |

Your
Erroneous
Zones

正能量
实践版

别做寻求赞许的俘虏

　　我们在其他方面也受到寻求赞许的影响。就此而言，宗教显然是一个重要的因素。你必须取悦耶和华、耶稣或者其他圣人。牧师和神父们曲解了历史上伟大宗教领袖提出的教诲，并且企图利用人们对神明惩戒的恐惧心理来使其就范。因此，一个人品行端正并不是因为他认为这样做正确，而是因为神明要他这样做。如果你在生活中产生疑问，不要自己去思考，而应对照各种教规来检查自己。你要循规蹈矩，但并不是因为你觉得自己应当如此，而是因为别人要求你这样，否则你就会受到惩罚。宗教是在利用你需要赞许的心理。这样，你所采取的行为或许与你自己希望做出的选择相同，但不是你自愿的选择。

　　一个真正虔诚的教徒应该自己制定行为标准，无须获得外界赞许。这是一种切实的自我宗教信仰，根据这种宗教信仰，人的行为标准是他的良知以及他根据自己的文化环境所信奉的法律规定，并不是别人对他的言谈举止所提出的要求。如果我们认真分析一下耶稣基督，就会发现他是一个极富有自我发展精神的人，他倡导自我依靠，他毫不惧怕别人反对。然而，他的许多门徒歪曲他的话，并编了带有恐惧心理和自我嫌恶色彩的教义手册。

　　国家机器也是利用寻求赞许心理来促使人们循规蹈矩的。政治家总是说："不要过于相信自己。你不具备独立生存的能力和手段。我们将照顾你。我们将扣除你的所得税，以免你在收到税单之前便把钱花完，我们将强迫你加入社会保险，因为你不会自己做出决定，或者不会自己积蓄，我们将替你管理生活。"由此可见,政府逾越了提供服务和管理社会的职权,越俎代庖,替你安排一切。

在我们社会中,明文规定的各种条例成千上万,甚至超过了可能违反规则的人数。假如有人决定实施现有的每一项规则条例,你每天不知会违反多少条。有人甚至提出应当规定在何时可以买东西,以及在哪些天的哪几个时辰不能喝酒。这些人喜欢对所有事情都做出规定,包括应在何时何地穿何种衣服,应该如何进行性生活,应该说什么话,以及应该在哪里行走。值得庆幸的是,这些规则大部分都未得以实施。尽管如此,提出这些规则的人却往往坚持认为,他们比你自己更为了解你的切实需要。

我们每天都收到大量鼓励寻求赞许的文化信息。我们听到的歌曲充满了寻求赞许方面的抒情词句,尤其是风行于过去三十年间的"流行"歌曲。这种娓娓动听的歌词所造成的影响是你意识不到的。下面简要列出几首歌曲中的歌词,其中的含义是某人或某事比你自己更为重要。假如没有这一特定人物或事物所给予的赞许,"我"便会彻底垮掉。

- "假如生活中没有你,我便无法生存";
- "你给我带来莫大的幸福";
- "因为有了你,我才成为一个真正的女人";
- "没有他人的关怀,我就会一事无成";
- "一切都靠你";
- "你使我对生活充满眷恋";
- "只要她需要我";
- "假如你离去,我将一无所有";

·"需要你的人是我";

·"你是我生活中的阳光";

·"只有你能够使我的生活如此美妙";

·"没有你，我的生活便会失去意义"。

今后，当你听到一首宣扬寻求赞许心理的歌曲时，不妨做一个练习。将那些含有寻求赞许信息（即如果有人对你感到不满或使你失望，你便无法继续生活下去）一类的歌词挑出来，根据自我支配的思维方式重新改写。例如：

·"我使我自己成为一个真正的女人，这与你毫无关系";

·"我曾经爱过你，但现在我已经改变了主意";

·"离不开他人的人，是世上最不幸的人，但是希望得到爱并享受人类之爱的人，则是在为自己创造幸福";

·"我使自己非常不快，因为我对自己说了一些依赖你的话";

·"我是我生活中的阳光，而有了你，我的生活会更加明媚";

·"我可以不再爱你，然而目前我不打算这样做"。

当然，这些改编后的歌曲是难以风行的，但你至少可以开始改变自己接触到的潜在信息，因为这些信息反映人们在社会中学会的思维方法。"没有你，我的生活便会失去意义"应当改为"没有我，我的生活便会失去意义；然而有了你，此时此刻更为美好"。

电视广告特别注意利用人们寻求赞许的心理。在许多电视广告节目中，生产商都竭力强调，别人的意见比你自己的意见更为重要，以此来促使你购买他的产品。

下面来看一看几位朋友某天下午聚在你家里打桥牌时，他们的一段对话：

朋友甲（四处闻了一闻）以极不赞赏的语气说："昨晚你们吃的炸鱼，对吗？"

朋友乙同样以不赞许的口吻说："我发现乔治还在抽雪茄。"你感到很扫兴、沮丧，甚至觉得受到很大刺激，因为别人对你房间的气味极为不满。

心理信息："别人对你的看法比你对自己的看法更为重要，如果你不能使朋友满意，就理应沮丧。"

我们再来看看下面的三个例子及其信息：

1. 在宴会上，服务员给一位顾客戴餐巾时，注意到他"领口上的黑圈"。顾客的妻子在一旁感到十分羞愧，因为她意识到这个陌生的服务员对她表示出不赞许。

2. 一位妇女想到朋友们见到她穿着肥大的连裤袜可能产生的看法时，简直羞得无地自容。"如果他们对我看法很差，我会受不了的。我一定要给他们好印象，所以我不买那种连裤袜。"

3. 在宣传漱口水、牙膏和各种除臭剂的广告中，包含着大量的下述信息：你需要得到别人的赞许，而要得到赞许，就必须买这种或那种产品。广告商们为什么要采用这些低劣的手法？因为这些手法的确有助于推销产品。他们知道，人们总是需要为他人所接受，于是便通过各种广告节目传递出上述信息，利用人们的这种心理需求来赚钱。

问题很清楚，我们的文化传统所推崇并提倡的就是寻求赞许。有鉴于此，你自己常常过于注重别人的意见，这不足为奇。你在生活中一直接受这种熏陶，而且即使家庭有意识地帮助你培养自我依靠感，其他各种文化因素也会起到阻碍作用。然而，你并不是非要维持这种寻求赞许的行为不可。**正如你可以努力消除自我否定的习惯一样，你也能够根除这种寻求赞许的负面习惯。挣脱过程中的那些无助与恐惧感，只不过是暂时困扰你的负能量，当你真正学会抑制并面对它时，内心才能得到疗愈。**马克·吐温在《傻瓜威尔逊》一书中，恰如其分地描述了摆脱寻求赞许的办法："习惯就是习惯，它并不是任何人都能随手抛到窗外的烂布。对于习惯，只有一步步地将它哄出去。"

将寻求赞许"一步步哄出去"

环顾周围世界，简单地说，要想使每个人都满意是不可能的。实际上，你如果能够使50%的人满意，就算很不错了。这并不是什么秘密。要知道，在你周围，至少有一半人会对你说的至少一半的话提出不同意见；只要想想大选的情况就足够了：即使在获胜者占压倒票数的选举中，也还有40%的人投了他的反对票。这样，不管你什么时候提出什么意见，都有一半的可能遭到反对。

认识到这一点之后，你便可以用新的眼光对待反对意见。当别人对你的话提出异议时，你就不会感到情绪消沉或为赢得赞许而立即改变观点。相反，你会意识到自己刚巧碰到了属于与你意见不一致的50%中的一个人。只要认识到你的每一种情感、每一个观点、每一句话或每一件事都总是会遇到反对意见，那么你就可以摆脱情绪低落的缠扰。当你预计到会有反对意见时，你就不会自寻烦恼，同时也就不会再将别人对你的某种观点或情感的否定视为对你整个人的否定。

无论你的主观意愿如何，反对意见总是在所难免的。对于你的每一种观点，都会有与之完全对立的意见。关于这个问题，林肯在白宫的一次谈话中曾说过：

……假使要我读一遍针对我的各种指责，更不要说逐一做出相应的答辩，那我还不如辞职了事。我是根据自己的知识和能力尽力工作的，而且将始终不渝地这样工作。如果事实最后证明我是正确的，对我的反对意见将不攻自破；如果事实最后证明我是错的，那么即使有十个天使起誓说我是正确的，也将无济于事。

常见的自我挫败行为

同自我否定心理一样，寻求赞许心理会导致各种自我挫败行为。下面具体列举一些最为常见的寻求赞许行为：

- 因为别人表示不以为然就改变自己的立场或观点。
- 缓和讲话的语气以避免引起别人的不快。
- 为讨取他人的欢心而溜须拍马。

· 因别人不同意你的意见而感到消沉、忧虑。

· 当别人表示出与你相反的情感时，便以为是自己受到侮辱或轻蔑。

· 说别人"势利"或"清高"，其实是说"应当给我以更多的注意"。

· 显得过于随和，总是点头称是。即使你不同意别人的看法，也是如此。

· 帮别人做各种琐事，但又由于不好意思拒绝而怨恨自己。

· 屈从于一个咄咄逼人的推销员的压力而购买一件你并不需要的商品，或者买了又不敢退货，因为这会使他不高兴。

· 在饭馆里，将就吃一块没有按照你的要求烹调的牛排，因为如果你退回去，服务员就会不高兴。

· 为避免遭人白眼而言不由衷。

· 传播关于死亡、离婚、抢劫以及类似的小道新闻，乐于以此引起人们的注意。

· 在讲话、买东西或做任何事情之前都征求你生活中另一重要人物（如爱人、父母、上级、朋友等）的同意，因为你担心自己的言行可能会造成他的不快。

· 每每遇事都对自己的行为表示歉意。这种无休止的"对不起"就是为了要时时处处都得到别人的原谅以及赞许。

· 为引人注目而表现得与众不同，这其实与为求得外界赞许而循规蹈矩一样，都反映出一种负面心理。因此，如果为了引起人们的注意，那么无论是穿着礼服配上网球鞋，还是用手抓土豆泥吃，都是一种寻求赞许的表现。

· 不分任何场合都迟到。这种习惯使你必然会受到别人的注视，进而可以求得赞许。你这样做可能是出于显示自己的心理，可这样你也就被那些给你以注意的人所支配。

·为在别人面前表现自己而"假充内行"，明明对某事一无所知，却偏要瞎吹一通。

·想方设法寻求赞许，渴望得到赞扬，未能如愿时便情绪低落。

·由于你所尊重的人反对你的观点，便非常不愉快。

显然，还可以继续举出许多其他例子。寻求赞许是一种普遍的社会现象，在地球的各个角落里都可以发现其踪影。**寻求赞许只是在成为一种需要时才会令人讨厌，因为它使人放弃自我，并将感情的支配权交付别人——你渴望得到其赞许的人。**

寻求赞许的"好处"

审视一下寻求赞许行为的原因，将有助于你提出一些办法，消除需要得到赞许的心理。下面列举出人们坚持寻求赞许的一些常见原因，其中大都是负面性的"好处"。寻求赞许作为一种需要所带来的"好处"包括：

·将支配自己情感的责任交付他人。如果你情绪不佳（消沉、痛苦、抑郁……）是由于别人不赞许你而造成的，那么应由他们而不是由你来对自己的情感负责。

·如果由于他们没有给你赞许而导致你情绪不佳，那么要你做出改变是不可能的，因为你情绪不佳是他们的过错。这样，他们使你不能改变自己的情感，因而寻求赞许使你免于做出改变。

·既然他们负有责任，而你又不能做出改变，那你就不必承担任何风险。因此，坚持寻求赞许的生活方式可以使你避免生活中没有把握的事情。

·降低你的自我形象，促使你产生自我怜悯，以致无所作为。相反，如果你不需要获得赞许，那么你在得不到赞许时就不会自我怜悯。

·使你更觉得别人必须照顾你，因此你更可以重温自己的童年，并受到他人的爱抚、保护以及支配。

·将自己情绪低落的原因归咎于他人，这样，不管你在生活中遇到什么不顺心的事，你都可以找到替罪羊。

·不无自欺地认为，你所奉为尊者的人对你印象都不错，因而很是得意，但是内心十分不如意。只要别人比你更为重要，那么外表就比实质更为重要。

·从别人对你的注意中求得慰藉，也可以就此向寻求赞许的其他朋友进行吹嘘。

·使你更适应鼓励这种行为的文化坏境，并为你赢得许多人的赞赏。

这些负面性"好处"同自我嫌恶的"好处"有着惊人的相似之处。实际上，避免担负责任、改变现状或承担风险，这些都是本书所述各种自我挫败思想和行为的实质所在。撇开那些怪僻的医学词语来说，因为路径依赖，维持各种负面行为显然要容易得多，而且又没有什么风险。

追逐自己"尾巴"的人

现在，暂时发挥一下你的想象力。假设你确实希望得到每个人的赞许，并且也有这种可能；再假设这是一个积极的目标。那么在这一前提下，如何才能最有效地实现你的目标呢？在回答这一问题之前，不妨想一下你所知道的最受人赞赏的一个人。这个人是什么样子？他的言谈举止如何？他的魅力何在？你所想到的这个人很可能是坦率直爽、开诚布公的，他大概不会为别人的意见所左右，并且颇有作为。他可能没有时间去寻求赞许。他很可能在任何情况下都是实事求是的。或许他认为诚实正直比圆滑世故更为重要。他并不是要伤害别人，而只是无暇进行绕圈子游戏——他不是那种说话字斟句酌、唯恐伤了别人感情的人。

这岂不是一种讽刺吗？**在生活中，最受赞许的恰恰是那些从不寻求赞许而且并未竭力获得赞许的人。**

要想精神愉快，就要消除需要寻求赞许的心理，下面讲一个十分说明问题的小寓言：

一只老猫见到一只小猫在追逐自己的尾巴，便问道："你为什么要追自己的尾巴呢？"小猫回答说："我听说，对于一只猫来说，最为美好的便是幸福，而这个幸福就是我的尾巴。所以，我正在追逐它，一旦我捉住了我的尾巴，便将得到幸福。"

老猫说："我的孩子，我也曾考虑过宇宙间的各种问题，我也曾认为幸福就是我的尾巴。但是，我现在已经发现，每当我追逐自己的尾巴时，它总是一躲再躲，而当我着手做自己的事情时，它总是形影不离地伴随着我。"

同样的道理，如果你希望得到大量赞许，最为有效的办法恰恰是不去渴望赞许，不去追求赞许，不要求每个人都赞许你，别做追逐自己"尾巴"的人。只要你相信自己，并且以积极的自我形象为指南，便可以得到许许多多赞许。

当然，一个人不可能事事都得到每个人的赞许；但是如果你认识到自己的价值，在得不到赞许时便不会感到沮丧。你将把反对意见视为一种自然现实，因为生活在这个世界上的每一个人都对世事有自己的看法。

跳出需要赞许的"笼子"

为了逐渐减少寻求赞许行为，你必须认识到自己继续这种行为的负面后果。当你遇到反对意见时，你可以发展新的思想，提高自我价值（这是你可以采用的最为有效的办法）。除此之外，为了冲破寻求赞许心理的束缚，你可以试做以下几件具体的事情：

——在答复反对意见时，以"你"字开头。例如，你注意到父亲不同意你的观点，并且开始生气了。不要立即改变自己的观点，也不要为自己辩解，仅仅回答说："你以为我的观点不对，所以你有些恼火。"这样将有助于你认识到，表示不赞同的是他，而不是你。在任何时候都可以用"你"字的办法，只要运用得法就会取得意想不到的效果。在讲话时，你一定要克制以"我"字开头的习惯做法，因为那样会将自己置于被动辩解的地位，或者会修正自己刚刚说过的话，以求为他人所接受。

——如果你认为某个人企图通过不给你以赞许来支配你的思想，不要为了求得他的赞许便含糊其词，言不由衷，应该直截了当地向他大声说：

"通常我会改变观点，以使你对我有个好印象。不过那是我真实的想法，你要是不同意，只有随你的便了。"或者可以说："我猜，你是想让我改变我刚才说过的话。"提出自己的看法这一行动本身，有助于你控制自己的思想和行为。

——别人如果提出有利于你发展的意见，即使你可能不太欣赏，也还是应该表示感谢。表示感谢便消除了任何寻求赞许的因素。例如，你丈夫说你太害羞，他不喜欢你这样。不要因此就努力通过行动而使他满意，只要谢谢他给你指出这一问题便足够了。这样一来，就不存在寻求赞许的问题了。

——你可以主动寻求反对意见，同时努力使自己不因此而烦恼。选择一个肯定会提出不同意见的人，正视他的反对意见，沉着而冷静地坚持自己的观点。你将逐渐学会不因反对意见而感到烦恼，并且不轻易改变自己的观点。你可以对自己说，你早已预料到了这种"对立"，他完全可以有他自己的看法，这与你实在没有任何关系。通过寻求而不是回避反对意见，你将逐步掌握有效对付反对意见的各种方法。

——你可以逐步学会不理睬反对意见，根本不要理会那些企图通过指责来支配你的人。我的一位同事曾经在柏林做过一次大型讲演。当时有一名听众显然难以接受他的某些观点。最后，这位反对者再也忍不住了，他抓住演讲人提出的一个枝节问题发难，说出了许多带侮辱性的话。他企图使演讲人上钩，诱使他卷入一场无意义的舌战。可是，我的这位同事在听到这一大通发难之词后，只是说了声"OK"，便继续进行他的演讲。他根本没有理会这些不敬之词，从而表明他不会依照别人的思想感情来确定他自己的价值。这样，发难者自然是自讨没趣了。若不是演讲人相信自己，他很可能会将他人的反对意见看得重于他对自己的良好评价，在得不到赞许时便会感到烦恼。

——你可以将别人的思想、言语和行为与你的自我价值完全分开。遇到反对意见时，你可以对自己说："她又来这一套了。我料到她会提出异议，可这与我毫不相干。"这样，你便能够铲除自怨自艾的情绪，因为它是在你将别人的观点与自己的思想联系在一起时，产生的消极情绪。

——当听到反对意见时，给自己提出一个重要问题：假如他们同意我的观点，会对我有所帮助吗？答案显然是否定的。除非你自己愿意，否则他们的意见无论如何都不会对你产生影响。此外，你很可能会注意到：如果你能毫无顾虑地对上级或亲近的人提出不同意见，你生活中的这些人物将更为赞赏你。

——要接受这一现实：许多人将永远不能理解你，但这没关系。反之，你也会不理解许多与你很接近的人，而且也没有必要完全理解他们。他们与你有所不同是正常的，你可以理解的最根本的一点就是：你并不理解一切。一位哲学家曾说过：

……如果那些相互不理解的人至少理解他们相互并不理解，那么他们还是有一定的相互理解；如果那些相互不理解的人甚至不理解他们相互并不理解，那么他们简直就没有任何相互理解可言。

——你可以相信自己的立场是正确的，而不要去争辩或竭力说服别人。

——根据自己的判断去购买衣物和其他个人用品，不要以为别人的意见更有价值，便去征求他们的意见。

——不要再通过爱人或其他人来证实自己的观点，不要再说"是不是这样，亲爱的？"或"我们是这样做的，对吗？"或者"你去问问戴安娜吧，她会告诉你的。"

——每当你采取了寻求赞许的行为时，大声更正自己，这样你就能够清楚地意识到自己的这种倾向，并且逐步适应新的行为。

——努力避免你经常表示的甚至当你毫无歉意时也表示的道歉。各种道歉都是在乞求宽恕，而乞求宽恕和原谅则无异于寻求赞许。寻求赞许在这里所采取的形式是："我知道如果我刚刚说的话是有意的，你就会不喜欢我，所以请你说我这个人还不错。"道歉行为纯属浪费时间，如果你只有得到别人宽恕之后才能情绪好转，那么你就是让他人来控制你的情感。虽然你可以下决心不再重复某些行为，并且认识自己的某些行为不妥，但道歉行为本身是不健康的，因为这样你就是让别人来支配自己的情感。

——在谈话时，你可以计算自己讲话的时间，并与参加谈话的其他人的讲话时间进行比较。你可以努力改变自己寡言少语的习惯，不要等到别人发问时才开口讲话。

——下次参加聚会时，你可以注意一下自己在讲话过程中有几次被别人打断，以及你在与另一个人同时开口讲话时，是否总是谦让别人。你的寻求赞许心理可能表现为胆小怯懦。为了在讲话时不为人打断，你可以设想各种办法，包括直接提醒插话者注意其行为。

——**留心记下自己平常所说的话，看看其中有多少是陈述性的，有多少是询问性的。**你是在提出问题、寻求同意与赞许呢，还是在做出陈述？例如，如果你说"今天天气真好，是不是？"便是请别人回答问题，希望别人赞同你的观点。如果仅仅说"天气真好"，你就是在陈述，而不是要求得到一个赞同的答复。假如你总是向别人发问，你就是在寻求赞许。当然，这些事情或许看来是微不足道的，但是反映出你不相信自己有能力担负责任。

上面介绍了为消除寻求赞许心理而应首先采取的若干步骤。你并不是要努力排斥赞许，而是应在得不到赞许时尽力避免产生惰性。我们前面已经讲过，受到称赞是令人愉快的，会给人一种惬意的感受。你的目标是要取得免疫力，以使自己在听不到赞美声时不会感到痛苦。**节食者在酒足饭饱之际无法衡量自己减肥的勇气，戒烟者在刚过完烟瘾后不能确定戒烟的决心；同样的道理，你在没有受到反对的情况下，也不可能真正考验自己承受非议的能力。**尽管你可以捶胸顿足地起誓说，自己能够应付受人冷落的局面，而且不会去乞求别人的赞许，但是在未遇到意见冲突之前，你根本无法知道自己的实际能力如何。**从来到人世间的那一刻起，你便开始受到寻求赞许的熏陶。所以，如果你能从生活中消除这一令人讨厌的负能量行为，其他问题看来也就不难解决了。要做到这一点，就需要进行大量的练习。在此方面，你的每一分努力都是值得的。如果你在遭人反对的情况下，不是心灰意冷，而是坚持己见，你便可以拥抱真正的正能量，享受到美好的现时自由。**

第*4*章
如何摆脱旧的自我

在旧的自我中，只有一个徘徊的幽灵在低声诉说着往事。你是你今天所做选择的总和，而不是过去所做选择的产物。

Your
Erroneous
Zones 正能量 实践版

你是谁？对自己有什么评价？在回答这些问题之前，你很可能会查一下自己的历史，查一下你过去的经历——使人难以挣脱的经历。你用什么词语描述自己呢？这些词语是你一生积存下的小标签吗？你是不是经常用许多固定的词语来描述自己？比如说："我胆子太小""我害羞""我很懒""我没有音乐细胞""我总是笨手笨脚""我记性不好"等许多"我怎么怎么"的词语。或许，你也有许多积极的自我描述词语，如"我有爱心""我桥牌打得不错""我很讨人喜欢"……我们暂不论述第二种自我描述词语，因为本章的目的是帮助你自我成长，而不是为你生活的那些积极方面讲恭维话。

自我描述词语本身并没有什么不好，但如果使用不当，它们便会给你造成损害。其实，以特定标签描述自己的行动阻碍着你的发展，很容易成为你不求进取的借口。克尔恺郭尔曾写道："你用标签描述我，便是否定我。"当一个人必须按照别人给他定的标签生活时，便会失去特性。自己给自己定标签的后果也一样。如果你不努力挖掘自己的发展潜力，而是一味依照标签行事，那么就等同于否定自己。

每个人的自我标签都来源于他过去的经历。然而，正如桑德伯格所说："过去只不过是一堆灰烬而已。"

审视一下你在多大程度上受缚于旧的自我。所有自我挫败性的"我怎么怎么"一类话都是使用消极性言辞的结果：

- "我就是这样。"
- "我一直是这样。"
- "我也没办法。"
- "我天生就是这样。"

如果你总是把这几句话挂在嘴上，这些锁链便会使你不能发展，不能改变自己，不能将你的生活变成充满现实成就的积极生活。

我知道一位老太太，每当星期日全家共进晚餐时，她总是根据自己的标准来给大家分菜，由她决定每人吃多少。她给每人分两块牛肉、一勺青豆，再加上一些土豆泥。她的女儿问她："妈妈，你为什么要这样分菜？"她总是回答："哦，瞧我，我总是这样。"为什么呢？因为"我就是这样"。老太太是用自己的标签解释她的行为，而这一标签则来自她那一向如此的过去。

有些人在解释其行为时，甚至会一口气说出上述四句话。例如，你去问某个人为什么每当谈起交通事故时他便非常不安，他很可能会答道："唉，我就是这样，一直总是这样。不知怎的，也许天生就是这样。"你看看！一下子把四句话全用上了，每一句话都是在解释他为什么总是一成不变，却从不考虑改变自己。

当然，从你过去的经历中，可以找到这些描述自我挫败行为标签的根源。**每当你使用上述四句话中的任何一句时，其实都是在说："我要继续保持我的现状。"**

现在，你可以着手挣脱过去的束缚，并消除使你固守现状、不求进取的所有标签。

下面是你在描述自己时可能使用的典型的"我怎么怎么"句式：

- "我害羞"；
- "我有点儿懒"；
- "我胆子小"；
- "我害怕"；
- "我笨手笨脚"；
- "我总是担忧"；
- "我记性不好"；
- "我不善于修修补补"；
- "我数学挺糟糕"；
- "我不太合群"；
- "我太呆板"；
- "我不会烧饭做菜"；
- "我拼写不行"；
- "我动不动就感到累"；
- "我老是生病"；
- "我不善交际"；

- "我总爱出差错"；
- "我总爱发火"；
- "我对人不友好"；
- "我总是一本正经的"；
- "我待人挺冷淡"；
- "我厌烦一切"；
- "我太胖了"；
- "我不懂音乐"；
- "我什么体育活动也不会"；
- "我感情脆弱"；
- "我脾气挺犟"；
- "我很幼稚"；
- "我过于谨慎"；
- "我太粗心大意"；
- "我容易记仇"；
- "我没有责任心"；
- "我容易紧张。"

······

　　或许你经常用这些词语描述自己，或许你正在寻找这种词语。问题并不在于给自己贴哪种标签，而在于你是否给自己贴标签。如果你觉得某些自我描述词语恰如其分地揭示了你个性的积极方面，那就保留这些词语。如果你察觉到，自己总会说妨碍自身成长的词语，那么就应停止并加以改变。

在生活中，总是有人想以某些标签来形容你，把你划为这一类或那一类人，因为这样判断人总是容易的。劳伦斯在一首题为《他是谁》的诗里，描述了这种爱贴标签的愚蠢行为：

他是谁？

——他是一个人，这还用问吗？

他当然是一个人，可他是干什么的？

——他生活，他是一个男人。

那当然！但他肯定得工作，肯定得有个什么职业。

——为什么？

因为他显然并不是个游手好闲的人。

这我可不知道。不过，他过得很悠闲。他做的椅子挺不错。

这不就对了！他是个做家具的。

——不，不是！

反正是个木匠之类的。

——根本不是。

可你刚才说是的。

——我刚才说什么了？

你说他会做椅子，是个木匠。

——我只是说他会做椅子，我可没说他是木匠。

那好吧，这么说，他是个业余木匠？

——也许吧，可你说鸫是专业笛手呢，还是业余笛手？

我说它只是一只鸟。

——那我说他只是一个人。

好吧，就算你对。你总是诡辩。

实践版 "我怎么怎么" 标签的来源

"我怎么怎么" 这种自我描述词语有两种来源。一种来自他人。当你还是小孩时，其他人给你贴挂了一些标签，你一直戴到今天。另一种来自你自己，由于害怕艰难痛苦的改变而给自己定了一些标签。

相比之下，第一种标签较为普遍。就拿小霍普说吧。她上小学二年级，每天都去上美术课，很喜欢描描画画、涂涂写写。可是她的老师告诉她，她画得并不好。听了这句不中听的话，小霍普挺不高兴，从此就再也不去上美术课了。没多久，她便开始做自我描述了："我美术不行。"由于她一直回避美术，她便更加相信"我美术不行"这一观点。等她长大后，有人问她为什么不画画，她便答道："唉，我美术不行。一直就是这样。"由此可见，自我描述的词语大都是你过去经历的产物。例如，你曾听到别人说："他哥哥体育不错，可他就一窍不通，笨手笨脚的。"或者别人会说："你和我一样，我的拼写也一直很糟。"要不就是"比利总是那么害羞"或者"莉齐跟她爸爸一样，没有一点儿音乐细胞"等。这些评论使你逐步产生了那些自我描述的词语，你却一直没有认真分析过这些词语有何害处。对你而言，它们已然成为生活的一部分了。

现在，你可以回想一下使你养成这种自我定义习惯的人是谁（父母、兄弟姐妹、老师、祖父祖母……），并找他们谈谈。问问他们，你是怎么变成现在这样的，以及你是否一向如此。然后，你可以告诉他们，你决心改变现状，看看他们会不会相信你将做出改变。你会惊奇地发现，他们总有自己的看法，认为你不会改变——因为"你一直是这样"。

第二种是你为了避免进行令人讨厌的活动给自己贴的标签。我曾接待过一位 46 岁的中年人，名叫霍勒斯。他非常想上大学读书，因为第二次世界大战使他错过了机会。但是，霍勒斯害怕竞争不过刚从高中毕业的年轻人。由于害怕、失败、怀疑自己的能力，他总是忧心忡忡。他经常查看大学招生简章，后来在心理咨询师的帮助下，终于参加了大学入学考试，并定好时间，将于某日某时在当地一所大学进行口试。可是，他仍然用"我怎么怎么"来回避考试现实。他的借口是："我年纪太大了，脑子没那么灵光，其实我对上大学也没有多大兴趣。"

不难看出，霍勒斯在用自我描述的词语回避他的梦想。我的一位同事也常常以此为借口，使自己陷于自我挫败的泥沼中。每当妻子要他修车、修电视机或做其他类似的事情时，他就会说："亲爱的，你也知道，我可不会干修理的活计。"当然，这只是个借口，他本应该说："我觉得这活儿没意思，现在我不想干。"（这个理由合乎逻辑）可是，他仅仅挂了个"我怎么怎么"的标签。因为相比之下，后者推托得更容易些。

这些例子中的人都在给自己贴标签。他们在说："我在这方面是铁板一块，永远也不会再变了。"如果你真是铁板一块，那么你就不能继续成长发展，尽管你可能愿意保留一些积极的自我描述词语，但你或许会发现其他一些带有自我限制性和自我挫败性的词语。

下面列举了一些此类标签，它们都是过去经历的产物。如果你有这些标签，现在就应该撕掉它们。保持现状、拒不改变无异于给自己设置牢笼。请记住：这里并不是在讨论你不喜欢的事情，而是要审视那些使你身陷于负面能量的种种行为。

给自己贴标签的"好处"

（1）"我的数学（拼写、阅读、语言等）很差。"

这个自我描述标签可以保证你不必花气力去改变自己，目的是使你永远不必通过艰苦努力来掌握你一直感到头疼或厌烦的学科。只要你自认无能，就总有理由避而不去努力掌握新知。

（2）"我做饭（体育、唱歌、画画或表演）糟糕得不行。"

这个标签使你心安理得地维持现状，既可为过去的"糟糕技艺"辩护，也可避免今后再做此类事情。"我一直是这样，也许天生就是这样。"这种态度加强了你的惰性，并使你坚持这种看法：如果你干不好某件事的话，就干脆别干。这样，除非你是世界冠军，否则还是别干任何事情的好。

（3）"我害羞（沉默寡言、脾气不好、容易激动、胆小等）。"

这个标签是借遗传学为自己辩护。你不是在努力消除这些个性及其心理支撑系统，而是将其作为你的固定个性予以接受。此外，你还可以埋怨你父母，指责他们造成了你目前的个性。这样一来，你就不必努力改变自己了。只要你选择这种行为，便可以避而不在你感到不安的情况中自持己见。这便是你幼时经历的产物。当时，别人非得要你相信你自己不会独立思考。**这也是一种个性标签，只要你给自己挂上，就可以说这些行为是无法控制的，从而原谅自己。你不相信自己可以选择个性，而以遗传基因为理由为自己开脱。**

（4）"我笨手笨脚""我体育不行"等。

这些来自孩童时期的标签使你不致因体育不及他人而受到嘲讽。当然，你之所以没有技能，是因为你一直相信它们，你自身并没有什么缺陷，是你让标签束缚了改变的意愿。有了它们，你就可以远远地逃开，就可以站在场外观看、羡慕别人，假装你并不喜欢体育活动。

（5）"我长得不漂亮（脸太长、骨架太大或个子太高）。"

这些生理上的标签使你不敢与异性接触，从而免于受到拒绝的风险。**当你选择消极的自我形象得不到爱时，这些标签还可为你辩护。只要你这样描述自己，就总有理由不去与异性建立亲密关系。**此外，你也不必努力改进自我形象。你是在用镜子为自己的消极态度辩护。可是请不要忘记，即使在镜子里，我们所看到的也还是我们想要看到的形象。

（6）"我就是自由散漫（过于谨慎或粗心大意）。"

这些行为标签有助于你控制别人并为某些事情进行辩护。"我一直是这样做事的"——这句话的潜台词是"我以后还要这样做事"。你总是按某种习惯方式行事，甚至从不考虑能否以另一种方法进行变通。这样，你还可确保周围的人不对你苛责，这是一种以惰性取代改善的做法。

（7）"我记性不好""我是马大哈""我缺乏责任心""我待人冷淡"……

当你没有做好某事而要辩解时，这几个标签特别有用。它们使你永远不去努力改进或克服粗心大意，因为你只需说"我就是这样"，就可以为自己开脱。每当你做出上述行为并给自己贴上这一标签时，你就永远不必努力改变自己。继续"健忘"下去吧，再提醒你自己说"我真的对此毫无办法"，这样你就会永远"记性不好"。

（8）"我是意大利人（德国人、犹太人、爱尔兰人、黑人或中国人）。"

这些是"种族"标签，当你再没别的理由来解释非常难于改变的行为时，这个标签就可以派上用场。我曾经问过一位旅馆经理，他为什么那么容易激动，哪怕出了一丁点儿小事也会勃然大怒。他回答说："你要我怎么样？我是意大利人！我们都是这样，我也没办法。"

（9）"我太专横""我爱管闲事"或"我太武断"……

这些标签可使你继续刚愎自用，对人采取不友善的态度，而不是去努力约束自己。"我也没办法，我一直都是这样。"——你是在用这些话来文过饰非。

（10）"我太老了""我已到中年"或"我身体吃不消了"……

有了这些标签，便可以年龄为由不参加有风险或没把握的活动。每当你面临一项活动时，比如体育比赛、配偶去世后或离婚之后重找伴侣、外出旅行……你只需说句"我太老了"，便可以不去冒险做任何新的、有益于自己的尝试。这种"年龄"标签意味着你在这一方面完全没有希望了，而且既然你总在逐步衰老，你就不可能再改善现状，也不可能再经历任何美好的体验。

"负能量"循环圈

利用自我描述词语来维持旧的自我只有一个"好处"：回避现实。每当你想回避某一活动或掩盖某一缺陷时，你总可以用"我怎么怎么"作为借口。事实上，在你反复使用了这些标签之后，你自己甚至也会相信这些标签，而到那时，你将真是"铁板一块"，这辈子都不会改变了。自我描述标签使你避免自我改变中的种种风险，并且永远改不掉导致这些标签的各种行为。例如，如果一个参加晚会的小伙子认为自己很害羞，他就真会感到害羞，而他的行为则进一步加强他的形象。于是，便形成了如下图中所示的恶性循环：你看，他没有在循环周期的第三与第四阶段之间主动打破这一循环，而是用一个自我描述的词语为自己开脱，从而巧妙地回避了为跳出个性陷阱而必须冒的风险。这个小伙子害羞的原因很多，其中一些或许可追溯到他的童年时期；无论其原因如何，他现在决定不去改变自己不善交际的缺陷，而仅仅用"我害羞"来作为解释了。为什么呢？因为他十分害怕失败，所以不敢去努力尝试。倘若他注重当下，并相信自己能做出选择，那么他将不会说"我害羞"，而是说"到目前为止，我干事都挺害羞，可现在……"

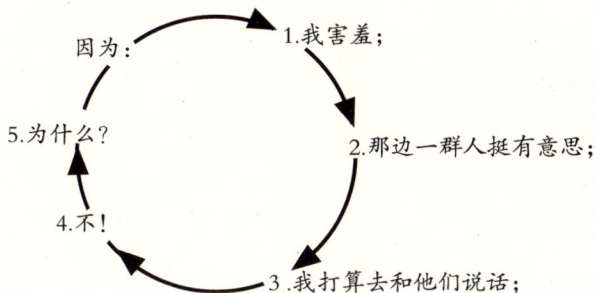

上述"害羞"的恶性循环，几乎适用于各种自我贬低性描述词语。现在我们来看看一个自认为数学不行的学生在做代数作业时的思维过程（见下图）。这个学生没有在第三与第四阶段之间中断恶性思维循环，没有请教别人，更没有自己再好好想想，而是干脆不去解答，放弃了努力。要是别人问他代数考试为什么不及格，他就会说："我代数一直很糟糕。"每当你想为自己开脱并向别人解释为什么坚持自我挫败时，你便会自然而然地求助于这些可恨的自我描述词语。

其实，你自己可审视一下你的负面性逻辑思维，并对生活中任何一成不变的方面提出怀疑。**固守旧我、维持现状的最大好处便是避免改变，这就像陷入一个负能量循环圈，你越害怕去改变，就越不会有动力去改变。**以后，每当你用自我描述词语来解释你并不喜欢的行为时，便可以想想你自己也许成了"铁板一块"——冰冷、坚硬、毫无生气、永不改变的铁板。

因为：

5.为什么？

4.（10分钟后）……我真做不了这玩意儿；

1.我数学不行（我一直如此）；

2.可今晚我得解答这些代数题；

3.我想我会全部答出来的；

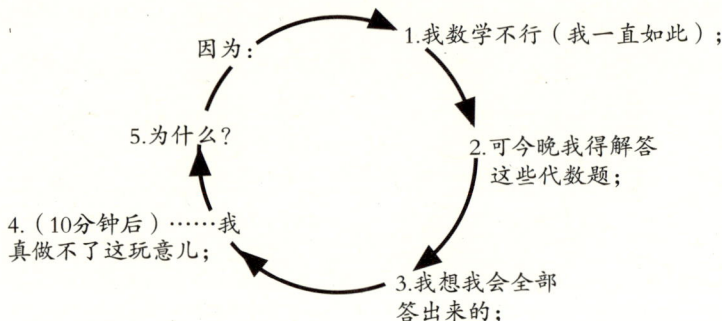

　　当然，用标签描述自己要比改变自己容易得多。也许，你会认为是你的父母或老师、邻居、祖父祖母等对你童年时期有影响的人造成了你以标签描述自己的习惯。如果你认为他们应当对你当下的标签负责的话，你便等于让他们在今天仍对你实行一定控制，将他们摆在高于你的地位，并巧妙地为固守消极状态找到一个借口。这可真是个不错的好处，它使你避免冒任何风险。毕竟，如果你"怎么怎么"是社会和文化传统的过错，那么你当然就对此无能为力了。

撕碎你身上的旧"标签"

　　要摆脱旧我，就要冒风险。你一直习惯于某些固定的自我描述词语，在很多方面，你每天都在靠这些词语生活。然而，你可以通过若干具体方法消除这些标签，这些方法包括：

　　——尽可能不用标签描述自己。用这样一些话来取代自我描述标签："到今天为止，我选择了那种个性"或者"我过去曾认为自己……"。

——告诉你周围的朋友、同事，你将努力消除自己的一些标签。选出那些危害性最大的标签，然后请他们在你使用这些标签时提醒你注意。

——在行动上为自己制订目标，以不同于过去的方式行事。例如，如果你认为自己害羞，就去主动结识一个你以前不敢主动接触的人。

——和好友谈心，请他帮你同过去决裂。请他在发现你犯老毛病时，即刻提醒你注意自己的言行。

——坚持写行为日记，记下你的自我描述性表现以及你当时的感觉。在一周内，记下每天你使用自我挫败性标签的具体时间和地点，并努力减少这种行为。在记日记的过程中，可以参考本章开头所列的各种自我描述词语。

——警惕本章开头所述四句自我描述的话，每当你发现自己又说了这些话时，大声纠正自己：不说"我就是这样"，而说"我以前曾经是这样"；不说"我也没办法"，而说"只要努力一下，我就可以改变自己"；不说"我一直是这样"，而说"我一定要做出改变"；不说"我天生就是这样"，而说"我曾认为自己生性如此"。

——选出危害性最大的几个自我描述词语，每天消除一个。假如你经常说自己"记性不好"，那么你可以在星期一全天专门注意这个问题，看看你是否可以在一两件事情上改变自己健忘的习惯。同样的道理，如果你不喜欢"固执己见，不能客观地看问题"这一标签，那么你可在星期二全天专门注意这个问题，努力容忍各种不同意见，力求客观公正地看问题，看看你是否可以每天消除一个自我描述词语。

——你可在"我怎么怎么"循环周期第三与第四阶段之间中断这一循环。下决心抛弃你为回避改变而提出的这些借口。

——找一件你从没有干过的事情，花一个下午做这件事。在你完全沉浸于过去总是回避的崭新活动之后，看看你是否仍然可以在这方面使用自己以前的自我描述标签。

我们所有的自我描述词语都是回避尝试造成的结果，因此只要愿意，你就可以消除所有此类词语。

世界上并不存在所谓"人的本性"。"人的本性"一词是某些人为了给别人分类并为某些行为寻找借口才造出的。我们前面已经说过，你就是你的选择之总和，因此你的每一个标签都可改为"我现在另有选择"。让我们再看看本章开头提出的两个问题：你是谁？你对自己如何评价？其实，你可以选择一些美好的新词语——完全不同于别人或你自己所使用的标签的新词语——来描述自己。那些令人讨厌的旧标签只能妨碍你去充分地、真正地生活。

请记住一位名人关于学习的论述吧：

当你感到悲哀痛苦时，最好是去学些什么东西。学习会使你永远立于不败之地。你或许会衰老，或许会彻夜不眠，或许会失恋，或许会眼看着周围的世界受到一群狂人的毁坏，或许会得知你的名声被居心险恶的人诋毁，在这种时候，只有一件事是值得做的——学习。研究一下人世如何变迁及其原因。学习，只有学习，才会使你的心灵永远不衰竭，使你永远不感觉孤独，永远不受精神折磨，永远不担忧或疑虑，永远不后悔。你要努力学习。看看吧，你周围有多少东西可学：科学，纯科学，世界上唯一纯洁的东西。天文学够你学一辈子，自然历史够你学三辈子，文学则够你学六辈子。当你花了无数时间学习生物学、医学、地理、历史和经济之后，你便能实现自己的愿望，将想象变为现实。

任何阻碍发展的自我描述词语都是应当驱除的恶魔。如果你非要有个自我描述标签，不妨试试这个："我是个驱魔师，专门驱除自我描述词语这个恶魔，而且我喜欢驱除恶魔。"

第5章
两大负能量：悔恨与忧虑

如果你以为只要保持懊悔或忧虑的情绪，便可以改变过去或未来的事情，你就是生活在乌托邦之中。

如果你以为只要保持懊悔或忧虑的情绪，便可以改变过去或未来的事情，你就是生活在乌托邦之中。

为已做的事情感到悔恨以及为可能发生的事情而忧虑，这是生活中两大最消极无益的负能量。在审视忧虑和悔恨这两种负面行为时，你将逐步看到它们之间的相互关联：实际上是一个问题中相对的两个方面。

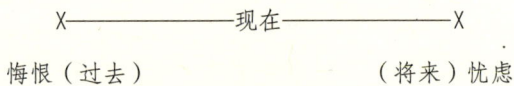

X————————现在————————X

悔恨（过去）　　　　　　　　　　（将来）忧虑

这样就清楚了。悔恨意味着你在现时中，由于过去的行为而产生的惰性，而忧虑则使你在目前因为将来的某件事（常常是你无法左右的事）而陷入惰性。为了更清楚地认识这一点，你不妨试想一下为尚未发生的事情忧虑，或者为已经出现的事情悔恨，虽然一种针对未来，另一种针对过去，但它们的效果都是使你在现时中产生烦恼和惰性。一位作家曾写道：

　　给人们造成精神压力的，并不是今天的现实，而是对昨天所发生的事情的悔恨，以及对明天将发生的事情的忧虑。

　　在我们的生活中，悔恨或忧虑的例子比比皆是，几乎人人都无例外。许多人要么为自己不应做的事情而自悔自恨，要么为可能发生的事情而忧心忡忡。你自己大概也是如此。**你的头脑里如果存在着大片的"悔恨忧虑区域"，你就必须对之加以清扫、消毒，消灭那些侵蚀着你生活各个方面的"悔"和"忧"的蛀虫。**

　　在我们的社会中，悔恨和忧虑是精神抑郁最常见的形式。当你悔恨时，你会沉湎于过去，由于自己的某种言行而感到沮丧或不快，在回忆往事中消磨掉自己现在的时光。你或许会利用宝贵的当下，无休止地考虑将来的事情。无论是沉湎过去，还是忧虑未来，结果都是相同的：你在浪费目前的时光。上面提到的那位作家还写道：

　　一周之内有两天是绝不会使我烦恼的。我对于这两天是无忧无虑的，并且丝毫不会为之而感到担忧和烦恼，这就是昨天与明天。

你是不是一部悔恨"机器"

　　许多人在生活中潜移默化地受到内疚悔恨情绪的影响，成了名副其实的悔恨机器。其运转程序是这样的：某个人发出一个信息，表明由于你所说或未说、感到或未感到、已做或未做的事情，造成了不好的结果，你已变成一个坏人。因此，你在当下感到情绪低落。这样你便成了一部悔恨机器——一种能够行走、说话、呼吸的装置。只要给你加入适当的燃料（即有关信息），你便可以产生内疚悔恨。如果你完全符合我们社会——滋长悔恨的社会——的要求，作为悔恨机器，便总是处于良好的运行状态。

你为什么长期接受各种忧虑和悔恨的信息呢？主要原因在于：你如果不感到悔恨，就会被看作"缺乏良知"；如果不感到忧虑，就会被认为"不近情理"。这一切都涉及是否关心他人。如果确实关心某人或某事，那么你显示关心的方法就是为自己做的错事感到内疚悔恨，或者对其将来感到关注。这简直就等于说，你要是一个有责任感的人，必须表现出神经机能性疾病症状。

在各种被负能量所控制的行为中，悔恨是最为无益的，那样做无疑是在浪费情感。为什么呢？因为根据其定义，你是在现时中由于过去的事情而产生惰性。然而，无论你怎样内疚悔恨，已经发生的事都是无法挽回的。

在这里，有必要指出内疚悔恨与吸取教训二者之间的区别：悔恨不仅仅是对往事的关注，而是由于过去某件事产生的现时惰性。这种惰性范围很广，其中包括一般的心烦意乱直至极度的情绪消沉。假如你是在吸取过去的教训，并决意不再重犯，这并不属于消极悔恨。但是，你如果由于自己过去的某种行为而到现在都无法积极生活，那便是消极悔恨了。**吸取教训是健康的做法，这是个人成长过程中的必要环节。悔恨则是一种不健康的心理，因为这是白白浪费自己目前的精力。这种行为既没有好处，又有损健康。实际上，仅靠悔恨是绝不能解决任何问题的。**

悔恨的两大起因

悔恨心理是通过以下两种方式形成的。第一种是早年受其熏陶、影响，成年之后残存下来的幼儿心理。第二种是成年人违反了自己信奉的行为准则之后，自找的内疚悔恨。

（1）残存的悔恨心理。 这是人们从幼时的记忆中保留下来的一种情绪。有许多可以诱发悔恨心理的信息，虽然这种信息仅对儿童有一定作用，但人们到成年之后依然不能摆脱其影响，这里所指的促使儿童产生悔恨的信息包括下面一些训斥：

· "你再这样做，爸爸就不喜欢你了。"

· "你应该感到羞愧。"（仿佛这样对你能有所帮助）

· "你非要这样做也只好由你，我不过是你的妈妈。"

一个成年人可能依然受着这些话中所含潜台词的影响，当他未能达到上级或长者的期望时，仍会感到难受。**人们总是希望赢得赞许，一旦未能如愿，便会产生悔恨情绪。**

残存的悔恨心理也反映在家庭婚姻方面。因往事而反复自责、道歉都是悔恨心理的表现。这些反应之所以存在，是因为人们在孩提时代已学会受大人的摆布，而且在长大成人之后，悔恨心理依然存在。

（2）自寻的悔恨。 这一类悔恨情绪则要复杂得多。例如，某个人因为最近所做的事情产生惰性，而这些事情却未必与儿童时代有任何联系。这种悔恨是在他违背了成年人的行为准则或道德标准时强加于自己的。尽管痛苦的心情丝毫无助于已经发生的事情，有人仍会在长时间内情绪低落。典型的自寻悔恨行为包括：刚刚责备过别人，又因此怨恨自己；或者由于自己曾经打同事小报告，未对其他人伸出援手或说过不得体的话等，一直十分懊丧。

因此，你可以将所有悔恨行为都视为一种心理反应，这种反应是你根据以往的行为标准做出的，而且依然下意识地期望以此取悦某一位重要人物；或者你可以将悔恨视为自己期望达到某种高标准的结果，你实际上并不相信这些标准，但是出于某种原因，在口头上表示赞同。在这两种情况中，悔恨都是愚蠢而无益的行为。你可以永远坐在那里，为自己所做的错事而懊恼、内疚悔恨一直到死，但这种悔恨心理对于纠正过去的行为并不会有一丝一毫的帮助。一切都已成为往事！**你之所以悔恨，是企图改变历史，是希望你未曾做过那件错事。不过，你已经做了错事，无论你怎么内疚悔恨，都不会改变这一事实。**

你可以逐步改变自己对所悔恨事情的态度。在我们的社会中，有着各种清规戒律，其中所含的信息就是"如果你得到乐趣，你就应该感到内疚悔恨"。你在许多情况下自寻悔恨都是由于这种意识在作祟。你大概已经学会：不要放纵自己，绝不能欣赏低级下流的玩笑。虽然这种抑制性信息在我们的社会中几乎比比皆是，但对于自我享受行为的悔恨完全是你自己造成的。

懂得这一点之后，你便可以学会享受乐趣而不感到内疚。你可以在不伤害别人、不妨碍社会秩序的前提下按照自己的价值观念行事，并且毫不因此而感到悔恨。如果你做了一件事（无论何事），而事后你并不赞赏自己的行为，那么你可以起誓绝不再做这种事情。**以悔恨的方式折磨自己无异于激发更多的负面能量，你完全不必这样折磨自己。要记住，悔恨是无济于事的。这种情绪不仅使你陷入惰性，还有可能使你重蹈覆辙。**悔恨情绪本身可以成为一种自我补偿，同时也为你重走老路开绿灯。你只要用悔恨情绪为自己的行为开脱，便会在恶性循环中反复绕圈子，永远处于精神不愉快的状态。

引起内疚悔恨的手段

父母可以利用孩子的内疚感，驱使他去做某件事：

（母亲）多尼，马上就要吃饭了，到地下室去把椅子搬上来。

（孩子）好的，妈妈。再等几分钟。我正在看球赛，这一局完了我就去。

母亲发出诱发内疚心理的信息——那就算了，我自己去搬吧，尽管我的腰不大好。你就坐在那里，好好看球赛吧。

多尼仿佛看到妈妈跌倒在地，身上压着六把椅子。而这都是他的过错。

"我曾为你做出牺牲"一类的信息能够十分有效地引起内疚悔恨情绪。这样，父母亲会回顾他们为将你抚养成人而熬过的艰苦岁月，那时他们曾为你而放弃了幸福。你自然会想到，明知欠了这样一笔债，自己怎么能够如此自私呢？导致悔恨情绪的一种具体做法就是谈到分娩的痛苦。"我在产房里熬了十八个小时，才将你生出来。"另一种同样奏效的话则是："为了你，我一直没有同你爸爸离婚。"这句话的用意是要你对妈妈不美满的婚姻感到内疚悔恨。

导致内疚悔恨是父母支配子女行为的一种有效手段。"没有关系，我们就自己住在这里。你该怎么享受就怎么享受去吧，用不着惦记我们。"听到这类话之后，你就不得不经常给父母打电话，不时去看望他们。另一种略有不同的抱怨是："怎么，你是手指头断了，不能拨电话了吗？"这样，做父母的便启动悔恨机器，你虽然不大情愿，但还是要做出适当的反应。

"你真给我们丢脸"的办法同样是行之有效的。要么就是"邻居们会说什么呢？"这样，借用外界因素可以使你对自己的行为感到悔恨和无法独立思考。"你要是哪件事没有做好，就是给我们丢脸。"听到这种话，你如果真没做好某件事，的确会感到无地自容的。

父母患病是极为有助于导致悔恨心理的。"你把我气得血压升高""你真要气死我"以及"你想把我气出心脏病来"，等等，这些话都会使你产生内疚感，并且会使你为父母所患的各种老年人常见病而责备自己。你如果因此而感到负疚，那你的肩膀还要更宽一些，否则你承受不了这么多的内疚。这种内疚悔恨往往会陪伴你的一生，假如你是感情脆弱的人，你甚至会为父亲或母亲的去世而感到内疚悔恨。

做父母的常常向孩子灌输对性问题的内疚悔恨。各种与性有关的念头和行为都是培养内疚悔恨心理的肥沃土壤。父母利用你的内疚心理，促使你改变这方面的态度。"上帝不允许你手淫。这样做很不好。""你竟然还看这种杂志，真不害羞。你根本不应该考虑这些事情。"

　　一些父母还利用内疚悔恨的心理，促使孩子懂规矩、讲礼貌。"你真让我感到难堪，怎么能够在奶奶面前抠鼻子呢？""你忘记道谢了，真不害臊。别人都会以为我没有教过你要懂礼貌呢。"其实，不利用孩子的内疚悔恨的心理，同样可以帮助他学会正确地待人接物。只要向孩子说明某种行为为何是不可取的，然后适当加以提醒，效果就会好得多。例如，若是告诉多尼：不时打断别人的谈话会妨碍人家，使人家无法谈话，使他在未产生内疚的情况下，初步意识到打断别人谈话是不礼貌的。但是，如果对孩子说："你总是打断别人讲话，真是太不像话了。有你在，别人就没有办法谈话。"或诸如此类的话，孩子就会感到内疚悔恨。

　　等你长大成人，父母仍然可以利用悔恨心理来左右你的行动。我有一个犹太血统的朋友，今年 52 岁，是位儿科医生，娶了一个非犹太女子为妻。但是他一直对母亲隐瞒着婚事，因为他担心这一消息会"要了老太太的命"，或者更为确切地说，他会要了老太太的命。他另外租有一套家具齐全的公寓，目的就是要在每个星期日接待他那位 85 岁高龄的老母亲。老太太根本不知道，儿子已经结婚了，有了自己的家，并且每周在那里生活六天。他玩弄这个把戏完全是出于内疚和忧虑，因为他的妻子是一个"非犹太女子"。虽然我这位朋友已经完全长大成人，并且在事业上颇有成就，但他依然受着母亲的控制。每天他都从办公室给母亲打电话，胡乱编造着自己单身生活的鬼话。

　　要对不服管束的人加以制约，父母及家庭方面所导致的内疚悔恨心理是最为常见的办法。为了使子女培养起内疚悔恨心理（由于一件往事而在现时中产生惰性）以维持家族的传统，可以采取的手段是各种各样的，上

| 100 |

Your
Erroneous
Zones
实践版
正能量

面的若干例子仅仅是一个缩影。

以"喜欢我"作为要挟

通过"如果你喜欢我"一类话来诱发悔恨心理是支配恋人行为的一种办法。如果你想就对方的某种特定行为而惩罚他（她），采取这种办法是极为有效的。人们往往认为，爱情是以对方言行适当为条件的。一旦一方表现欠佳，另一方利用内疚悔恨的心理便可以使他规规矩矩。他必须为没有爱恋另一方而感到羞愧。

怨恨、长时间沉默以及冷酷的表情都是触发悔恨心理的有效手段。"我不和你说话，这样就可以治住你"或者"别靠近我。看你做的那些事，怎么能让我喜欢你？"在别人做了错事的情况下，这就是最为普遍的惩戒办法。

为了使一个人在现时中感到内疚悔恨，人们常常会提起许多年前发生的事情。"但不要忘记你几年前做的那件事"或者是"你过去曾使我失望，如今我怎么能再相信你呢？"通过这种方式，一个人便可以利用往事支配另一个人的现在。在恋爱和家庭生活中，如果一方忘记了过去，另一方就可以不时重翻旧账，使前者总是对往事抱有悔恨。

悔恨心理可以促使爱情关系中的一方按照另一方提出的要求和行为标准行事。"你心里如果还有我，就会给我打个电话"或者"这已经是我第三次倒垃圾了，我看你是一点儿也不想干家务活。"这种话的用意何在？要对方完全依照你的意愿行事。其手段是什么？利用内疚悔恨心理。

孩子的心理控制术

父母与子女之间导致悔恨心理的游戏完全有可能颠倒过来。内疚悔恨可以成为一种双向的情感，孩子们同样能够反过来利用这种心理支配自己的父母。

如果一个孩子意识到，父母在他不高兴时便感到无能为力，会因没有当好父母而感到内疚悔恨，那么孩子会常常利用父母这种心理来控制他们。只要在超级市场上哭闹一场，就能得到好吃的糖果。"萨莉的爸爸就让她这样做。"因此，萨莉的爸爸是个好爸爸，而你就不是。"你并不爱我。假如你爱我的话，你就不会这样对待我。"孩子最绝的一招是"我肯定不是你们生的，一定是你们抱来的。我的亲生父母是不会这样待我的"。所有这些话都含有一个相同的信息：你们作为父母，以这种方式对待我——你们的孩子，实在应该感到羞愧。

当然，孩子们会观察成年人并利用悔恨心理来达到自己的目的，因而也就能学会这种导致悔恨心理的行为。内疚悔恨并不是人的天性，而是人们逐步学会的一种感情反应。只有在你告诉别人自己能够做出这种反应时，人家才能利用你的这种心理。**孩子们往往可以发现你是否具有内疚悔恨的心理。如果他们总是提到你所做或未做的事情，并期望因此达到自己的某种目的，那么他们就学会了引起内疚悔恨心理的控制术。如果你的孩子采用了这些手法，他们一定是通过潜移默化习得的，而且很可能是从你那里学来的。**

| 102 |

Your
Erroneous
Zones
实践版
正能量

学校的种种束缚规则

老师是最善于诱发内疚悔恨心理的人，而学生则是任人摆布的最佳对象，因为他们的可塑性最大。下面列举一些在学校中可以听到的话，这些话可以使孩子们感到内疚悔恨，并使他们情绪低落：

·"你妈妈真要对你感到失望的。"
·"你这样一个聪明的孩子，只得了这么点儿分，真应该感到羞愧。"
·"你父母为你费尽心血，你却这样不争气，让他们多伤心呀！难道你不知道他们多么希望你能到哈佛上学吗？"
·"考试不及格是因为你没有刻苦学习，现在你只得自作自受了。"

学校常常利用孩子们的悔恨心理，驱使他们学习，并遵守某些特定的行为准则。不要忘记：即使在你长大成人之后，你依然受这些规则的"毒害"。

宗教方面的心理暗示

宗教常常被用来诱发悔恨心理，以左右人们的行为。上天总是使你感到悔恨的神灵。根据某些宗教的教义，如果你不是个好信徒，你便不能升入天堂。

·"你假如爱上帝，就不会做出这种事情。"

·"你如果不忏悔自己的罪过，便不会上天堂。"

·"你应该在良心上受到责备，因为你没有每周上教堂做礼拜。只要你真诚地悔过，就可以得到上帝的宽恕。"

·"你违反了上帝提出的教规，你应该为此感到羞愧。"

惩罚其实于事无补

监狱大都是以诱发犯人的悔恨心理为指导方针的。也就是说，如果一个人能够长时间地静心思考自己所做的错事，他就会悔过自新，痛改前非。对那些以非暴力形式违法（诸如逃税漏税、违章行车、民事纠纷等）的人判处徒刑，便是这样的指导方针的具体表现。然而，犯人出狱后继续违法的比例高得惊人，但这一现实丝毫没有改变监狱的指导思想。

让人蹲在牢房里悔恨自己的违法行为，这种做法的代价是高昂的，而收效微乎其微，因而在逻辑上是说不通的。然而不合逻辑的解释则是，内疚悔恨是我们社会文化不可分割的一个组成部分，因而也是我们刑事司法制度的基本内容。法律并不要求违反民事法律的人为社会做些好事或将功赎罪，却要诱发他们的内疚悔恨心理，从而对他们进行改造，但是这种改造过程无益于任何人，尤其不利于被改造者。

谁都懂得，无论怎样内疚和悔恨，人们都无法改变过去的事情。而且，牢房并不是学习奉公守法的场所；恰恰相反，犯人在这里可能会对社会产生抵触情绪，以致继续坚持其违法行为（当然，为保护他人的利益而监禁危险的犯罪分子则应另作别论）。

在我们社会中，给小费的做法已经不再表明服务质量的优劣，只反映给予者的内疚心理。精明的招待员、出租汽车司机、旅馆侍者以及其他服务行业的雇员都知道，大多数人都不能承受因行为不妥而产生的内疚心理，而且无论服务质量如何，人们都会按照标准比例付给小费。因此，为了诱发人们的内疚悔恨心理，在服务行业中明目张胆地伸手讨要小费者有，冷言冷语、侧目横视者也有，而且他们总会得到一笔不少的小费。

不分场合吸烟、随地乱扔纸屑果皮以及其他令人难以接受的行为可能都会使你感到内疚悔恨。也许你随手往地上扔了一个烟蒂或一张包装纸，一个陌生人严厉地看你一眼，你就会为自己不雅的举动猛然感到一阵内疚悔恨。然而，为什么只是内疚悔恨，不是下决心杜绝这种违反公共道德的行为呢？

节食是一件容易使人产生悔恨的事情。有时，节食者如果多吃一块饼干，就会为自己一时的懦弱而整整一天都情绪消沉。假如你在努力减轻体重时，偶尔多吃了一些自己所喜爱的食品，你可以从中吸取教训并努力加强现时的控制。**然而，内疚悔恨以及自我责备都于事无补，因为你如果长时间地陷入这种消极情感，很可能就会恢复无节制的饮食。这是一种不健康的自我解脱办法。**

在性方面无须内疚

在我们社会中，内疚羞愧心理在性问题上表现最为明显。前面曾谈到父母如何促使孩子为与性有关的行为和思想内疚羞愧。成年人同样也会产生这种心理。有人总是偷偷摸摸地去看黄色电影，因为他们不愿意让别人发现自己喜欢这等事情；有些人不敢承认自己喜欢手淫，甚至对于自己产生这种念头都会感到内疚羞愧。

性幻想也很容易引起内疚羞愧心理。许多人都认为这种幻想是不好的，有的人甚至在私下或在心理咨询时都不承认自己的性幻想。实际上，倘若要我指出最容易造成羞愧心理的人体部位，我会说，这一部位就在肚脐下三寸。

上面简要列举了一些促使人们产生内疚悔恨心理的文化影响。现在我们来审视一下内疚悔恨在心理上带来的后果，这种后果必然是自我挫败性的。当你今后选择悔恨而摈弃自我发展时，应记住这一点。

内疚悔恨的"好处"

你为什么要浪费现时去悔恨自己做过或未做的事情呢？主要原因有以下几个方面：

——如果你悔恨往事，就不必积极利用现在的时光去进行自我成长。显然，同许多自我挫败行为一样，内疚悔恨是回避改变目前自我的一种手段。这样，你可以将目前的状况归咎于过去，从而摆脱一切责任。

——如果将一切归咎于过去，你不仅可以回避为改变自己的现状而做出艰苦努力，而且可以避免因改变而招致的各种风险。因对往事的内疚悔恨而产生惰性，自然比在现时的荆棘路上迈进要容易一些。

| 106 |

Your
Erroneous
Zones

实践版
正能量

——人们往往以为，一个人在做了错事之后，只要感到极为悔恨，最终总会被人宽恕的。这种求得宽恕的收效便是上文谈到的监狱的基本指导思想，即犯人因犯罪所受的惩罚就是在长时间内感到精神痛苦。罪过越严重，所需的悔恨期便越长。

——内疚悔恨可以使你重新回到幼时的受保护环境。当时，别人会为你做出各种决定并关怀、照料你。这样你可以求助于过去的价值观念，而不必掌握自己的现时。结果是依然可以避免主宰自己的生活。

——内疚悔恨有助于你将自己行为的责任推卸给他人。因受人摆布而激愤或将自己悔恨的焦点转向别人都是很容易的，那些可恶的人神通如此广大，大到能够控制你的感情，包括使你感到内疚悔恨。

——如果你因自己的行为产生内疚悔恨，即使别人并不赞许你的行为，你也往往能够得到别人的赞许。你或许有些越轨行为，但是内疚悔恨的心理表明你意识到自己的过错，并且正在努力加以纠正。

——表示内疚悔恨是赢得别人同情的绝妙办法。你希望得到同情，这说明自尊心不强。但关系不大，因为你希望得到同情，甚于自珍自爱。

以上种种便是内疚悔恨行为带来的最为明显的好处。**内疚悔恨同其他自我贬低情感一样，是一种选择，是你可以控制的情感**。假如你不喜欢它，并希望消除它，以使自己完全"不再悔恨"，下面便是你可以采取的一些初步措施。

消除内疚悔恨的方法

——无论你感觉如何，从现在起将过去视为无法挽回的事情。往事已成为历史，不管你怎样悔恨都不会有丝毫改变，你应该铭刻在脑海里的一句话是："内疚悔恨既不能改变往事，也无法使我有所长进。"根据这一认识，你便可以将内疚悔恨与吸取经验教训区别开来。

——问问自己：通过对过去的悔恨，你要在现时中避免什么？只要努力解决你所要避免的问题，你便可以消除自己内疚悔恨的心理。

下面是利用这种方法消除内疚心理的一个很好的例子：我曾接待过一位中年男子，他已有相当一段时间与另一女子保持着婚外关系，并且为此感到内疚。然而，他依旧每周避着妻子去和情人偷偷幽会。我向他指出，他的内疚羞愧是一种毫无意义的情感。这种情感使他既不能改善婚姻生活，又无法享受婚外关系的乐趣。他面临着两种选择：认真审视自己的婚姻生活并努力改变这种状况；或者，他可以做另一种选择：学会接受自己的行为，并为此负全责，认识到自己所肯定的价值中，包含有许多人所谴责的行为。在上述这两种情况中，他都将消除自己的内疚悔恨心理，并改变或者接受自己的行为。

——从现在起开始接受你自己所选择的、别人未必赞许的某些事情。这样，即使父母、上级、邻居甚至爱人不赞成你的某些行为，你也可以认为这是正常的。回想一下前面关于寻求赞许心理的论述。关键在于你要对自己表示赞许；得到他人的赞许是令人愉快的，但也是无关紧要的。一旦

| 108 |

Your
Erroneous
Zones

正能量
实践版

你不再需要得到他人的赞许，你也就不会因自己的行为受到反对而内疚悔恨了。

——坚持做一份悔恨日记：写下你每次感到内疚悔恨的情况，详细地记载每次悔恨的时间、起因以及是由谁引起的，并且说明你悔恨往事是要回避目前的什么问题。

——重新审视你的整个价值观念。哪些价值观念是你所信奉的，哪些是你仅在口头上接受的。列出那些虚假的价值观念，并且尽力依照自己的道德标准，而不是他人强加于你的道德标准行事。

——将你自己所做过的各种错事列成清单。根据从 1 至 10 的打分标准，标明你对每件事的内疚悔恨程度，并且将各种错事的分数加起来，想一想分数高低对你的现状有什么影响。你会发现，现时依然是现时，一切内疚悔恨都是徒劳无益的。

——客观分析自己行为的各种后果。不要根据直觉来判断生活中的是与非，判断的标准应当是看你的行动是否使自己精神愉快，是否有助于你向前发展。

——对于那些力图使你内疚悔恨并借此控制你行为的人，应该明确表示自己完全不会因他们对你的失望而感到忧虑不安。因此，如果妈妈为让你感到内疚而说"你什么事都不干"或者"你就坐着吧，我去搬椅子"，你可以学着做出新的答复，例如，你可以说："那好吧，妈妈，如果你连几分钟都等不得，并且非要为几把椅子而不顾自己腰疼，我想我也劝阻不了你。"这一过程需要一定的时间，但是当这些人意识到他们不能迫使你感到悔恨时，他们的行为就会有所转变。一旦你消除了自己的内疚悔恨心理，你就不会在感情上再受他人控制或支配。

——做一些你知道必然会使自己感到内疚的事情。例如，你刚到一家旅馆，侍者要带你去你的房间。你只有一件很小的行李，完全可以自己找到房间，你便可以告诉他，你并不需要他的帮助。如果这位不受欢迎的朋友仍然坚持要帮你拿行李，你可以指出，他是在浪费自己的时间和精力，因为你不会为自己不需要的服务付小费。此外，如果你一直想独自到外地度假，你完全可以一个人去度一周的假，而不必顾忌家庭其他成员为使你悔恨而提出的反对意见。这些行为都将帮助你克服自己在各种环境下产生的内疚悔恨情绪。

——下面的一段对话是我带领一组参加心理咨询的人编排的一种实际练习，内容是一个 23 岁的女儿为离开安乐窝，同母亲（由另一名组员扮演）进行的针锋相对的谈话。我同这位姑娘谈了一个小时，告诉她如何应付母亲为引起她的内疚情绪的谈话，最后的结果就是下面这段对话。

女儿：妈妈，我要搬出去自己住了。

母亲：如果你这样做，我会诱发心脏病的，你知道我的心脏不好，而且我需要你帮我拿药，干干别的事。

女儿：你考虑的是自己的身体，你以为没有我在，你就过不下去了。

母亲：我当然过不下去。你看，我一直这么疼爱你，现在你就这样走掉，让我在这里等死。如果你真要这样对待你的妈妈，那你就走吧。

女儿：你觉得你把我抚养成人，所以我就应该守在这里报答你，而不应该自己去独立生活。

母亲：（捂着胸口）我现在心跳加速。我觉得我快不行了。你这是在要我的命。

女儿：妈妈，临死之前，你有什么话要对我说吗？

在这一对话中，女儿拒绝屈服于母亲发出的各种诱发悔恨的信息。过去，女儿曾经是一个顺从的奴隶，只要她稍有要求独立的表示，母亲就会发一通议论，使女儿感到内疚悔恨。母亲想方设法要控制女儿，使她依附于自己。女儿如果不学会做出新的反应，就要终身成为自己母亲以及自己悔恨心理的奴隶。仔细看看女儿在上述对话中所给的答复，每句话都表明母亲应对自己的感情负责。女儿总是说"你认为"，而不是"我认为"，这样就巧妙地减少了产生内疚悔恨的可能性。

在我们的社会中，利用内疚悔恨心理可以有效地控制他人，产生这种心理则会白白地浪费时间。忧虑作为同一问题的另一个方面，与悔恨的表现形式完全一致，只不过忧虑完全侧重于未来以及各种可能发生的糟糕事情。

别把忧虑等同于关怀

没有任何事情是值得忧虑的，绝对没有！从现在起，你可以将自己的一生用于忧虑未来，然而你的忧虑无论如何都不会改变现实。忧虑的定义是，由于将来的某件事而在现时中产生惰性。必须注意不要将忧虑与计划混同起来。如果你是在制订计划，现时活动将使未来更有意义，这就不属于忧虑。忧虑仅指因今后的事情而产生惰性。

忧虑同悔恨一样，也是我们社会所鼓励的一种心理。在这方面，忧虑与关心被混为一谈。这就是说，假如你关心一个人，就必须替他忧虑。例如，你会听到有人说："我自然要担忧了，当你关心一个人的时候，这是十分自然的。""我不能不为你忧虑，因为我很爱你。"这样，你就是在适当的时候以适当的忧虑来证实自己的感情。

忧虑是社会中的流行病。几乎每个人每天都花费大量的时间担忧未来。但这一切都无济于事。**忧虑根本不能改变现状。实际上，忧虑的心理很可能会使你不能正视现实**。而且，忧虑同爱情是毫不相关的，在爱情关系中，每个人应该做出自己的选择，而不应被对方提出的条件所束缚。

假设你生活在 1860 年，即美国南北战争开始的那一年。全美国都在进行战争总动员，美国当时的人口大约为 3200 万。这 3200 万人中的每一个人都要为成百上千件事情忧虑，他们花了很多时间痛苦地思索着未来。他们忧虑着战争，忧虑着食品价格的上涨，忧虑着征兵，忧虑着经济的恶化，忧虑着今天的人们所忧虑的各种事情。1975 年，即 115 年之后，当年的忧虑者们都入土了，然而他们的所有忧虑丝毫未能改变目前已成为历史的事情。你自己的忧虑也是如此。当世界目前的人口完全为后人所取代之后，你的各种忧虑还会有一点儿影响吗？不会的。你的忧虑在目前会产生任何作用吗？它会改变你所忧虑的事情吗？也是不会的。既然如此，这就是你必须消除的一个负面行为，因为你是在为毫无积极效果的行为浪费自己宝贵的现时。

人们所忧虑的，往往是自己无能为力的事情。无论怎样为战争、经济衰退或疾病而忧虑，都不会因此而得到和平、经济繁荣或身体健康。作为一个普通的人，你是难以左右这些事情的。实际上，你所担忧的灾难往往不像想象的那么可怕、那么严重。

我曾经为 47 岁的哈罗德进行过几个月的心理咨询。他总是担心自己被解雇以至无法养家糊口。他忧心忡忡，体重下降，开始失眠，而且常常生病。在心理咨询过程中，我向他指出，忧虑是无济于事的，并谈到如何保持心情舒畅。但哈罗德是个地地道道的忧虑者，他感到自己有义务每天为可能发生的灾难担忧。在忧虑了几个月之后，他终于被解雇了，他有生以来第一次失业了。然而，不到三天，他找到了另一份工作，薪水更高，更合乎他的口味。他利用忧虑的精力执着地寻求，迅速取得了成功。哈罗德的全家并没有挨饿，他自己也没有向命运屈服。与人们通常忧心忡忡的事情一样，他们一家的最后结局并不十分可怕，甚至是十分圆满的。哈罗德通过亲身经历认识到忧虑是徒劳的，他实际上已经开始在生活中采取无忧无虑的态度。

《纽约人》杂志曾刊登过一篇有关忧虑的文章，作者在文章中对忧虑心理进行了绝妙的讽刺：

这么多要忧虑的事情！有旧的，也有新的；有重大的，也有细小的，而富有想象力的忧虑者总有办法将路上的行人同远古时代联系起来。假如太阳燃尽了，一年四季可能完全成为黑夜吗？如果低温冷冻中的人再苏醒过来，他们是否要经过重新登记才能参加投票选举呢？

或许你是一个"职业性忧虑家"，对任何事情都会忧虑，从而给自己造成不必要的紧张和烦恼。或许你是一个"业余忧虑者"，仅仅为自己的事情而忧虑。对于"你为何忧虑？"这一问题的答复是各种各样的，下面列出的是最为常见的几种。

典型的忧虑行为

以下的资料是我在一天晚上的演讲会上，从大约 200 名成年人那里得到的答复。我称之为"你的忧虑表"，同上文谈到的"悔恨分"一样，你可以给自己打一个"忧虑分"。各项忧虑的先后排列顺序既不反映其出现次数，也不说明其重要程度。括弧中的文字是为各种忧虑所做的辩解。

"你的忧虑表"

我担忧的是……

1. 我的孩子（"大家都为孩子担忧，我假如不担忧就不能算一个好的父亲，不对吗？"）

2. 我的健康（"人如果不担忧自己的身体，随时都可能死掉！"）

3. 死亡（"没有人愿意死。大家都对死亡感到忧虑。"）

4. 我的工作（"如果不为工作而担忧，你就可能失业。"）

5. 经济局势（"总是要有人忧虑经济的，而总统似乎并不过问经济问题。"）

6. 心脏病发作（"大家都为此而忧虑，不是吗？""人的心脏随时都有发病的可能。"）

7. 社会保险（"你如果不考虑社会保险，最后就可能会被迫申请福利救济，甚至搬入救济院。"）

8. 我妻子的幸福（"天晓得我用了多少时间来考虑她的幸福，而她依然不满意。")

9.我的言行是否得体（"我总是担忧自己的行为是否得体，这样我才能感到放心。"）

10.是否会生出个健康的孩子（"每一个怀孕的母亲都会为此担忧的。"）

11.物价（"总要有人考虑价格问题，否则物价就会直线上升。"）

12.各种事故（"我总担心爱人或孩子会遇到事故，这是十分自然的，不是吗？"）

13.别人会怎么想（"我担心朋友们会讨厌我。"）

14.我的体重（"没有人喜欢发胖，所以我自然担心自己刚开始下降的体重会升上去。"）

15.钱（"我们的钱总是不够花，我担心有一天会因破产而被迫接受救济。"）

16.车子会抛锚（"我的汽车是辆老爷车，而我走的又是高速公路，所以我自然要考虑车子抛锚了该怎么办。"）

17.我的账单（"人人都为支付账单发愁，如果不发愁倒令人奇怪了。"）

18.父母会去世（"我真不知道要是他们去世了，我该怎么办。一想到此，我就感到忧愁，不知如何继续生活。"）

19.能否升入天堂的问题，或者不存在上帝怎么办（"我不敢想象没有天堂，也不敢想象没有上帝。那多可怕啊！"）

20.天气（"我准备去郊游野餐，可又担心会下雨。我想去滑雪，可又担心雪不够厚。"）

21.衰老（"任何人都不希望变老，而且我知道大家都为此感到担忧""我真发愁退休以后做些什么。"）

22.坐飞机（"我们经常听到飞机失事的消息。"）

23.女儿的贞节（"每个疼爱女儿的父亲都担心她会受到伤害或遇到麻烦事。"）

24.当众发言（"我一站在众人面前就不知所措，每每遇到这种场合，我都害怕得要命。"）

25.我爱人为什么没有打电话（"在我看来，当一个人不知道所爱的人在哪里，也不知道她是否遇到麻烦的时候，自然会为她忧虑。"）

26.进城（"谁知道在繁闹的市区会发生什么事情。我每次进城都担心得要命。""我总是担心会找不到停车的地方。"）

而最可怕的忧虑大概是：

27.没有任何事情可以忧虑（"当一切都顺利的时候，我会坐立不安，我会因不知道将发生什么事情而感到忧虑。"）

以上是我们社会中各种人的"综合忧虑表"。你可以为适合自己的每一种忧虑打个分数，算出总分数，然而无论你最后的分数是多少，实际上一切都等于零。下面的一段话，可以说明忧虑心理在现今世界的普遍程度。这段话摘自《新闻日报》上关于医疗保险的一篇文章。

……昨天，纳索·萨福克医院委员会的两名官员告诫说，如果医师们完全拒绝治疗病人或仅治疗急诊病人，这种医疗保险危机将造成许多问题。为此，不少人感到忧虑，然而他们忧虑得还不够。

这等于要人们用更多的时间为某一个问题而忧虑。为什么要发表这样一篇报道呢？因为我们的社会文化鼓励的是忧虑，而不是行动。假如所有的人都更加拼命地忧虑，问题说不定就会自然消失。

要消除忧虑心理，就必须认识到这种心理背后的原因。如果忧虑在你的生活中占有重要位置，你肯定就已经有过许多忧虑的经历了。然而，忧虑给你带来什么好处呢？其"好处"与你在悔恨方面的"好处"十分相近，因为二者同属自我贬低行为，只是在时间概念上有所不同。悔恨是针对过去，而忧虑则注重于未来。

■ 选择忧虑的心理后果

忧虑是一种现时的情绪活动。因此，如果你由于担忧未来而在现实生活中产生借口，你便能够回避现时以及在现时中对你有所威胁的一切。例如，1974年夏天，我在土耳其一边教书，一边在写有关心理咨询的书。当时，我7岁的女儿同她妈妈住在美国。尽管我十分热爱写作，但我依然感到这是一件十分寂寞而又需要极大自控力的艰苦工作。有时正准备动手写作时，我突然会想到小女儿特蕾西。她骑自行车上街不注意来往车辆怎么办？游泳时会有人照看吗？她自己总是不够小心。这样，一个小时不知不觉地就过去了，而我一直在忧虑着这些事情。这种忧虑自然是没有意义的。然而果真是毫无意义吗？通过将现时用于忧虑，我就无须去克服写作的困难。这的确是一种绝佳的"好处"。

——你如果出于忧虑而产生惰性，便可以避免承担风险。是的，在完全陷入忧虑的情况下，你怎么可能采取任何行动呢？"我什么事也不能做，因为我非常担忧……"这是人们经常发出的一种哀叹，其作用在于使得你可以无所事事，并且避免行动的风险。

——忧虑可以显示出你关心他人的品质。你的忧虑说明你是个好爸爸（妈妈）、好丈夫（妻子）……这虽不是一种健全的逻辑思维，但可以带来不少"好处"。

——有了忧虑，你在某些自我挫败行为方面就有了现成的借口。假如你体重偏高，你在忧虑的时候必然要吃得更多，因而你完全有理由继续坚持忧虑行为。同样，人在陷入忧虑时要吸更多的烟，所以你可以利用忧虑来避免戒烟。在婚姻、金钱、健康等其他方面也有着相同的误区性效果。忧虑心理可以帮助你避免做出改变。如果你胸口疼，忧虑是很容易的，而冒着风险去了解实际病情并对自己采取诚实的态度，则不那么容易。

——忧虑会妨碍你投身于生活。忧虑者可以整天坐在屋里，担忧各种事情，而实干家肯定要积极投身于生活。忧虑是使你无所事事的一种巧妙的办法，虽然收益不大，但与忙这忙那的积极生活相比要轻松得多。

——忧虑会引起溃疡、高血压、痉挛、头痛、腰痛以及其他种种疾病。这些疾病虽然看起来并不是好事，但可以使你得到他人的极大注意，并使你有理由自我怜悯。有些人宁可一事无成，也要得到别人的怜悯。你既然已经认识到忧虑的心理支撑系统，便可以为消除这一负面行为中的忧虑病毒，着手制订一些具体措施。

消除忧虑的一些措施

　　从现在起就开始改变，不要总忧虑将来。一旦发觉自己在忧虑，就问问自己："我现在为忧虑而虚度光阴是要回避什么事情呢？"然后，你便可以着手解决自己所要回避的问题。**消除忧虑的最有效办法是采取实际行动**。我的一位朋友过去曾有忧虑的习惯，他对我讲述了他自己最近成功地克服忧虑心理的一个事例。他在某地度假期间，有一天下午去洗蒸汽浴，并在浴室里结识了一个人。这个人在休假期间仍然每天忧心忡忡，他详细地提出了我这位朋友应当忧虑的每一件事。他谈到了股票市场行情，但又说短期的浮动倒不至于使人忧虑，因为再过六个月，股票价格就会跌到很低的水平，这才是真正令人担忧的。我的朋友听完这番话后离去了。他打了一小时网球，同几个孩子踢了一场足球，又与妻子痛痛快快地打了一会儿乒乓球。大约三个小时之后，他又回到蒸汽浴室。他刚结识的那位朋友依然在那里忧虑着各种事情，并且一见到他，又开始列举其他各种需要忧虑的事情。在这段时间里，我的朋友是在充满激情的生活中度过的，而那个人则完全陷于忧虑之中。最重要的是，他们两人的行为对股票市场都没有丝毫影响。

　　——要认识到忧虑心理的荒谬之处。你可以反复地问自己："我的忧虑情绪能够改变任何事情吗？"

　　——逐步减少你为自己安排的"忧虑时间"。每天上午和下午为自己安排十分钟的时间用于忧虑。尽可能充分利用这段时间担忧各种可能遇到的问题及困难。然后，理智地控制自己的思想，将其他所有忧虑都推迟到下一个指定的"忧虑时间"。你很快就会发现，这样无益地浪费时间是可笑的，最终你将彻底消除自己的忧虑。

——记下你昨天或者一个星期甚至一年以来所忧虑的各种事情，列出一份忧虑清单。想一想你的各种忧虑产生了什么积极结果，再考虑一下你所忧虑的事情有几件确实发生过。你很快就会意识到，忧虑是一种毫无意义的活动，它丝毫不会改变未来，而你所设想的糟糕局面实际上往往并不那么可怕，有时甚至是相当不错的。

——竭力去忧虑！看看你在忧虑时是否能够表现出来。你可以对某人说："看着我，我要忧虑了。"别人会感到莫名其妙，因为你大概都不知道如何表现出你所熟悉的这种经常性活动。

——为了消除忧虑，向你自己提出这样一个有意思的问题："我（或者他们）可能遇到的最糟糕的事情是什么，这种事情发生的可能性有多大？"这样你就会发现，忧虑心理是愚蠢可笑的。

——针对自己通常忧虑的问题，有意识地做一些你一直在回避的事情。例如，如果你一向省吃俭用，总是担心将来，有一天会手头拮据，那么你现在便可以开始将钱用掉。曾经有个富商在遗嘱中写道："作为一个明事达理的人，我在活着的时候将自己的钱全部花掉了。"你也可以如此效法。

——从现在起，用积极的思想和行为正视你的恐惧心理。我的一位朋友最近在康涅狄格州附近的一座海岛上度过了一周的时间。这位女士喜欢散步，很快发现岛上有许多野狗。她本来担心这些狗可能会咬她，甚至把她撕得粉碎，这是她最害怕的悲惨结局，但是她决心克服自己的这种恐惧和忧虑。她手里拿了一块石头（以防万一），野狗逐渐靠近了，她竭力不显示出任何畏惧。当狗嗥叫着冲过来时，她也没有减慢自己的步伐。那几只野狗看到这个人并无丝毫的畏缩，自讨无趣，便转身溜掉了。当然，我并不赞成冒险行为，但是我相信，正视并克服恐惧或忧虑心理是从生活中彻底消除这种心理的最有效的办法。

上面列举了消除忧虑的一些办法。但消除忧虑的最有力武器，莫过于下决心从生活中完全摒弃这种负面行为。

要认识自己的悔恨及忧虑心理，关键在于意识到当下。应该学会在当下中生活，不要在悔恨过去或担忧将来中浪费眼前的时光。否则，你只能与悔恨的负能量为伴，要知道，那些恐惧与无助感，并非你人生的真实面貌。当你停止悔恨并学着掌控自己的情绪，学会面对痛苦，把它当成人生必经的一部分时，你才能真正地拥抱正向的能量。

卡罗尔在《爱丽丝镜中奇遇记》一书中谈到享受当下的问题。

"这里的规矩是明天有果酱，昨天有果酱，但是今天永远没有果酱。"

爱丽丝不赞同地说："迟早总要有'今天有果酱'那一天的。"

你怎么样呢？今天有果酱吗？既然迟早要有的，那现在就来点儿，怎么样？

第6章
意志力是训练出来的

　　要走哪一条道路，选择完全得由你做出。惧怕未知的负能量，在等着你以充满智慧和意志力的正能量来取代。只要你真心想尝试，并释放自己的愿望，这个世界就会积极地给你回应。在生活的道路上，你不必非得知道自己在往哪儿走，只要你在走，在向前走……

Your
Erroneous
Zones
正能量 实践版

你可能是位谨小慎微的"安全专家"——总是在回避未知事物。你可能总是希望知道自己在向哪里去，达到目的之后会有什么结果。我们社会的早期教育往往鼓励谨慎，压抑好奇；提倡稳妥，反对冒险；"不要去做任何没有把握的事情""不要冒险""千万不要涉足未知"……这种早期教育可能成为一种心理障碍，导致你在许多方面不能得到现实的幸福，不能达到自己的目标。

　　阿尔伯特·爱因斯坦是一个毕生探索未知世界的人。他在《论坛》杂志上一篇题为《我的信仰》的文章中写道：

　　我们所能经历的最美好事物便是神秘的未知。它是所有艺术和科学的真正源泉。

　　其实，他还可以说，神秘的未知也是人的发展和激情的源泉。

　　然而，许多人将未知与危险等同起来。他们认为，生活的目的不过是保持熟悉的一切，因而总是希望知道自己在向哪里去。只有那些莽撞之辈才会冒险去探索生活的未知方面，而且当他们探索之后，结果往往是大吃一惊，深感失望，甚至惊慌失措。当你还是童子军队员时，别人要你"时刻准备着"。但你怎能为未知做好准备？显而易见，根本不能！因此，还是避免未知好，这样你永远不会落得可悲可笑的结局。还是稳妥点儿吧，别去冒险，你应该循规蹈矩，即使这些规矩是单调而死板的。

也许你已经厌烦这些已知的肯定事物，不再愿意在每天到来之前便知道它是什么样的。如果在提出问题之前，你便已经知道答案，那么你就不会成长。给你印象最深的时刻，也许正是你本能地投身于生活、想做什么就做什么、兴奋地期望神秘未来的时候。

我们一生中都在接受明确的文化信息的影响。这些信息始于家庭，在学校得到加强。学校教育儿童不要尝试新的东西，并鼓励他们回避未知。"上街别走丢了！""去寻找正确的答案。""同你所熟悉的人待在一起。"如果你至今仍持有这些观点，那么现在就应当奋力挣脱其束缚。你或许认为自己不能进行没有把握的新活动，你应该摈弃这种观点。如果你愿意，你当然可以进行一切新鲜的尝试。然而，你首先应该了解自己希望避开新事物的习惯性心理。

积极尝试新事物

如果你充分相信自己，就能激发前所未有的能量。一旦你敢于探索那些陌生的领域，便有可能体验到人世间的各种乐趣。想想那些被称为"天才"的人，那些在生活中颇有作为的人，他们并不是仅精通一件事的人，也不是回避未知的人。例如，富兰克林、贝多芬、达·芬奇、伽利略、爱因斯坦、罗素、萧伯纳、丘吉尔以及许多其他类似的伟人，他们都是敢于探索未知的先驱者。他们和你一样，都是普通的人，唯一的区别只不过是他们敢于走他人不敢走的路。另一位文艺复兴式人物施魏策尔曾经说过："人类的一切都不会使我感到陌生。"你可以用新的眼光重新看待自己，打开心灵的窗子，进行那些你一向认为力所不能及的活动，否则，你就会以同样的方式反复进行同样的活动，直到你进棺材为止。事实上，伟人也是普通的人，他们的伟大之处往往体现在其探索的品质以及探索未知的勇气上。

要积极尝试新事物，就必须摈弃这种观点：改变现状不如苟且偷安，因为改变将带来许多不稳定的未知因素。也许你一直认为自己非常脆弱，经不起摔打，如果涉足完全陌生的领域，会碰得头破血流。这是一种荒谬的观点。当你身处逆境时，你可以依靠自己战胜困难；当你遇到陌生事物、身处陌生环境时，你不会经不起考验，更不会一蹶不振。相反，如果消除一些单调的常规因素，你倒可能降低精神崩溃的概率。厌倦生活会削弱意志，并产生不健康的心理影响。一旦失去了对生活的兴趣，你就可能在精神上垮掉。然而，如果在生活中增添未知因素作为调味剂，你就会有勇气向前冲刺。

此外，你也许还抱有这样一种心理意识："如果这事异常独特，我还是躲远些。"这种心理使你不能积极尝试新的经历。例如，当你看见聋哑人用手势交谈时，只是十分好奇地观看，从不试图与他们沟通；当你遇到外国人时，不是努力与之对谈，你很可能会悄悄溜走，避免用你母语之外的任何一种语言进行交流，从而避免尴尬和沮丧。有许多活动、许多人，仅仅因为它们包含有未知因素，就被社会视为禁忌。例如，同性恋者、易装癖者、残疾者、智力迟钝者、独身主义者等都属于禁区。你不知道应如何对待这些事情，因而干脆一避了事。

你还可能认为，做任何事情一定要有某种理由，否则做它又有什么意义呢？这纯属谬论！**只要你愿意，便可以去做任何事。没有必要为自己所做的每一件事寻找理由，否则，你就不可能去尝试新的经历。**当你还是个孩子时，你会逗蚂蚱玩上一个小时，理由只不过是你乐享其中。你或者还曾上山藏猫儿或到树林里"探险"。为什么呢？因为你喜欢。可当你成为大人时，你不得不为做每件事找一个充分的理由。这样对理由的"热衷"阻碍了你成长发展，使你不能放开自己，如果你不必再向任何人——包括你自己——就任何事情提出理由，那将是一种极大的进步和解脱！

爱默生[1]在其 1834 年 4 月 11 日的日记中写道："四条蛇在洞穴里爬上爬下，我看不出它们这样做的用意何在。既不是为了觅食，也不是为了交配……只是爬来爬去。"你可以想做什么就做什么，原因只不过是你愿意这样做。这种思维方式将向你展现新的活动前景，并将有助于消除你迄今为止养成的负面的生活方式——惧怕未知。

你甘愿为自己冒险吗

严格审视一下你的自发性。你是积极地尝试新事物，还是思想僵化、墨守成规？所谓自发性，就是能随时根据兴致尝试你喜欢做的事情。你甚

---

[1] 爱默生（1803—1882），美国散文作家、诗人，先验主义作家的代表。

至会发现，也许这并不是你喜欢做的事情，你依然不惧怕去尝试。当然，别人可能会指责你不负责任或轻率鲁莽，但当你享受探索未知的极大乐趣时，管别人怎么说呢？许多地位很高的人往往难于发挥其能动性，因为他们的生活方式是死板僵化的，他们对于自己盲从的荒谬无动于衷。唯唯诺诺的人并不具有自发性，他们非常害怕未知，总是屈从于他人的意愿，唯命是从，亦步亦趋。他们从不提出异议，一味满足别人对他们的要求。在这种情况下，你处在什么位置呢？你还是你自己吗？你还能自主地选择自己的人生，并甘愿为之冒险吗？

思想僵化的人永远不会有所成长。他们往往按固化模式去干事情。我有一个同事，在教师进修班里任教。他经常向那些已经执教了三十余年但仍须进修的老家伙提出这样一个问题："你是真的教了三十年书呢，还是教了一年书、重复三十次？"那么你呢——亲爱的读者，你是真的生活了一万多天，还是仅仅生活了一天、重复了一万余次？当你在生活中致力于发挥自己的能动性时，应该向自己提出这个意味深长的问题。

思想的偏见与僵化

思想僵化会引起各种偏见，即"事先的判断"。产生偏见的原因与其说是由于嫌恶甚至厌恶某些人、观点或活动，还不如说是由于路径依赖——你所熟悉的人、观点和事物——要保险得多、容易得多。偏见似乎对你很有帮助：可以借此回避未知的、因而可能产生烦恼的人、事物和观点。事实上，你的各种偏见对你是有害的：它们使你不能探索未知。要发挥能动性，就要消除你的事先判断——偏见，并允许自己去接触新的人和观点。**事先判断让一切看起来很"安全"，如果你不相信任何人，你以为自己便不会出错，可你也将彻底远离正面的能量，跳脱不出思维的误区。**

"总要计划"的陷阱

世界上并不存在"万无一失的计划"，这一措辞本身就是自相矛盾的。我们都知道，生活中总有那么一些人带着安排和计划度过一生，他们不能将生活从原有计划上改动一星半点。**计划本身不一定会产生不健康的心理后果，但过于热衷于计划，就像在你体内安置了一个捕捉光和热的陷阱，抑制了正能量的产生。**你或许会有一个人生计划，把你在 25 岁、30 岁、40 岁、50 岁甚至 70 岁时将要干什么都计划得一清二楚，到时候就看看这个计划，以确定你应该发展到什么阶段了。这样，你就不会每天都做出一个新的决定，也不会确信你能够改变人生计划。千万不要把计划看得比你自己更重要。

亨利是我接待过的一位二十五六岁的小伙子。他养成了一种"总要计划"的负面习惯，因而在生活中错过了许多良好的机会。他在 22 岁时得到去另一个州工作的机会。可是，他被这一调动吓得不知所措。他在佐治亚州能干得好吗？他将住在哪儿？他的父母和朋友又怎么办？对未知的恐惧使亨利陷入惰性，他放弃了这个机会，安于现状，从而失去了实现个人发展、经历新工作和新环境的机会。正是由于这一件事，亨利才来找我做心理咨询。他感到，僵化刻板地坚持原定计划是自己无法成长的原因，同时，他又害怕挣脱计划的束缚去尝试新的经历。通过咨询，我发现亨利对计划的确有一种强迫症。他每顿早餐总是吃一样的东西，提前好几天就计划好某天该穿的衣服，把家里的梳妆台按照化妆品的颜色和大小排放得整整齐齐。他甚至把自己的计划性强加给家人。他不让孩子们乱放东西，要妻子遵守他定下的一套死板的规定。简而言之，尽管亨利干什么事都有条有理，但他仍是一个不幸福的人。**他缺乏创造性，缺乏变通，缺乏个人激情。事实上，他本身就像一个"计划"，他的生活目的只不过是根据计划把一切安排得井井有条**。在咨询之后，亨利开始尝试改变。他认识到，他的计划是操纵别人的手段，是避而不去探索未知的安全途径。他放松了对家庭成员的"束缚"，允许妻子和孩子不按他的期望行事。几个月以后，亨利向一家公司申请了一个需要经常调动的工作。原先他所担忧的事情，现在变成他所喜欢的。尽管亨利还无法完全改变凡事必做计划的"强迫症"，但他已经厌倦了做计划的"奴隶"。他每天都在努力改变这种心理并学着去享受生活，再也不刻板地规划自己的人生了。

内心的安全感与外界的安全感

很早以前，你曾在学校里学过写作文。老师告诉你，要先写一个好的开头，然后写出有条理的正文，最后再写上完满的结尾。遗憾的是，你可能将同样的顺序运用于自己的生活，将整个生活过程视为一篇范式作文："开头"是为成人期做准备的童年，"正文"便是安排、计划得有条有理的成年阶段，而"结尾"则是退休阶段和幸福的晚年。所有这些有条理的思维，使得你无法生活于现时之中。根据这一计划，生活意味着稳妥的一生。

然而，所谓的安全感，是为死尸准备的。**安全感意味着知道将要发生的事情；意味着没有激情、没有风险、没有异议；意味着没有发展，而不发展则意味着死亡。这种"安全感"是荒谬的，它是一种负面的能量，会将你紧紧捆绑住。**只要你生活在地球上，只要社会不改变，你就永远不会得到安全。退一步讲，即使这种安全感不是荒谬的观点，也是一种可怕的生活方式，它会排除生活中的惊奇与兴奋，因而也排除发展的可能。

上面讲到的安全感是指外界的保障，如金钱、房产和汽车等物质财富，或者是工作或社会地位等生活保障。但是，世界上存在着另一种值得追求的安全感，这就是内心的安全感。**所谓内心的安全感，就是相信自己能够处理任何事情、安住于当下的感觉。**这是唯一持久的安全感，唯一真正的安全感。财物终归会散尽，经济衰退会使你耗尽钱财，房产也会被别人占有，但是唯有你自己可以信赖，可以依靠。你应该相信你内在的正能量，而将财产、工作或社会地位仅仅视为你生活中令人愉快、但可有可无的附属物。

现在，请做这个练习。假定此时此刻，当你正在阅读这本书时，突然有人扑向你，把你全身衣服剥光，扔到直升机上。假设直升机把你运到某片荒地上。你既没有预先得到警告，也没有带任何钱财，除你自己之外，一无所有。你将面临新的语言、新的风俗习惯、新的气候，而你的全部所有仅仅是你自己。在这种情况下，你将生存下去，还是因愁困而死？你会结交新朋友，找到吃的住的呢，还是仅仅躺在那儿哀叹自己多么不幸？如果你需要的是外部安全感，你将无法生存下去，因为你的所有个人财物都已被人剥夺。然而，如果你具有内心的安全感，并且毫不畏惧未知，那你就会活下来。这样，我们就可将安全感的定义改为：知道自己可以应付各种局面，包括没有任何外界安全条件的局面。不要跌入那种外界的安全感的陷阱中，因为这样你就不能生活，不能成长，不能有所作为。看看那些无须外界的安全感的人，他们并不事事都定好计划，却可能事事都走在前面，至少他们可以尝试新的经历，并避开那种苟且偷安的思维陷阱。

关于安全感的问题，一位作家曾在一首诗里这样写道：

有那么一天，我将出走——去寻求自由。

让那些没有头脑的人，

"保险"个够。

我将不透露我的去处，

我将探索荒凉的道路。

我将告别旧我，

然后无忧无虑地游荡

——就像卸下重担的阿特拉斯巨神。

世界上并不存在失败

只要你认为自己必须事事获得成功，上面所讲的"出走"以"寻求自由"就是难以实现的。惧怕失败是我们常有的一种恐惧心理，也是难以避免的负能量。从孩童时期，别人就向你灌输这种负能量，而它往往将终身陪伴着你。

而事实是，世界上并不存在失败。所谓失败，只不过是别人对应该如何做某件事的看法。所以，一旦你相信没有必要事事都按别人的意图去做，你也就不会失败了。

　　然而，有时你根据自己的标准也未能完成某项具体工作。在这种情况下，关键是不要将这件事与你的自我价值等同起来。你在某一具体事情中的失败，并不等于你作为一个人都失败了，不要将小概率事件扩大化。你可以设想用失败来描述动物的行为。比如一条狗在那儿叫了 15 分钟，有人便评论说："它叫得实在不太好，我最多给它打 3 分。"这是多么荒谬！动物是不可能失败的，因为世界上根本不存在评判的标准。蜘蛛吐丝织网，但并不存在成功或不成功的蜘蛛网。猫捉老鼠，如果一次未果，它会再去努力，它既不会躺在地上发牢骚，抱怨自己没能捉住那只老鼠，也不会因此而精神崩溃。这只不过是自然行为！既然如此，为什么不把这种逻辑推理运用到你自己的行为中，并不再惧怕失败呢？

　　我们文化传统中最具有自我毁灭性的四个字，就是——"尽力做好"！你或许成千上万次地听到并使用它，它是你渴望取得成功这一心理的根源所在。"不管你做什么事，尽力做好。"可是，如果骑骑自行车郊游，或到公园去随便散散步，"做好"的标准是什么呢？你在生活中，为什么不能仅仅去做一些事情，而并不"尽力做好"呢？"尽力做好"这种负面性心理会使你既不能尝试新的活动，也不能乐享目前的活动。

　　我曾接待过一位 18 岁的高中生，名叫卢安。她满脑子都是想要成功的概念。她是个标准的全优生，踏进校门以来就一直如此。她每天花大量的时间拼命读书、做作业，因而没有时间过自己的生活。她简直就是一台高速运转的机器。可是，卢安非常羞于和男孩子接触，长这么大还从未同男孩子拉过手，更别说约会了。她养成了一种神经性抽搐的习惯，每当我们谈及她性格的这一方面，她的面部就会抽搐。卢安一心想做一个成功的学生，但她忽略了个人的生活。在咨询中，我问她，在她的生活中什么更重要一些，"是你的知识，还是你的感觉？"可她自己也搞不清楚。尽管她是个出类拔萃的优等生，但她缺乏内心的安宁，而且实际上非常不幸福。在咨询之后，她开始重视自己的情感，并尝试学习新的思维方法。一年之后，卢安的妈妈打电话给我，说她女儿在英语考试中有生以来头一次成绩没达优，她非常担心。我告诉她，这是件大好事，正说明她女儿在其他方面开始有所用心，说明她在全面发展，当妈妈的应该带她到饭馆里好好庆贺一番。

人生无法尽善尽美

你为什么非得什么事情都要做好？谁又在给你记分呢？关于尽善尽美，丘吉尔曾讲过一句著名的话，这句话表明，总想取得成功的心理会使你被负面能量包围：

"唯尽善尽美者为上"，这句格言的含义就是两个字：瘫痪。

是的，事事追求完善，都要拼命做好，这会使你自己陷入瘫痪。也许你在生活中，可以确定一些自己真的想尽力做好的事情。但就大多数情况而言，尽力做好这种心理本身便是最大的障碍。不要让"完美"主义妨碍你参加愉快的活动，而沦为一个旁观者。你可以试着将"尽力做好"改成"去做"。

"完美"主义意味着惰性。如果你为自己制定完美的标准，那么你便不会去尝试任何事情，也不会有多大作为，因为完美这一概念并不适用于人。它也许只适用于上帝，但你作为一个人，不必以这个标准来衡量自己的行为。

你如果有孩子，不应要求他事事都要努力做好，因为这种要求会使小孩产生消极和怨恨情绪。相反，你可以和孩子们谈谈他们的兴趣，并可鼓励他们在这些方面努力（而不是"尽力"）做好。至于其他活动，"去做"要比"尽力做好"更为重要。例如，应该教小孩打排球，而不是让他们站在一旁说"我不行"。只要孩子喜欢，就应鼓励他们去滑雪、唱歌、画画、跳舞，等等，而不应仅仅因为他们可能失败就不让他们尝试。不要督促孩子去争抢、拼得头破血流甚至不择手段。相反，应该培养他们的自尊、自豪感和兴趣。

孩童很容易受外界影响，将其自我价值与其成败等同起来。因此，他会避开自己做不好的那些活动。更为危险的是，他可能会养成自卑、寻求赞许、内疚等心理——由自我摈弃心理产生的所有个性误区。

如果你将自己的价值与几次成败等同起来，必然感到人生了无生趣。想一想爱迪生，如果他以某项工作的成败来衡量他的自我价值，那么他在第一次试验失败之后就会认输，就会宣布自己是个失败的探索者，并停止用电灯照亮世界的努力。然而他并没有就此低头，如果失败指出了成功的方向，那么这些失败何尝不是一种"成功"？正如一位作家说的那样：

我最近修改了一些名言，其中之一便是将"一事成功，事事顺利"改为"一事成功，事事失败"，因为我们从成功中学不到任何东西。唯一给我们以教益的便是失败。成功仅仅坚定我们的信念。

| 134 |

Your
Erroneous
Zones

实践版
正能量

想想看。没有失败，我们就什么也学不到；然而，我们已学会将成功视为唯一可以接受的衡量标准。我们往往避免进行可能会失败的活动。不敢尝试的一个最大障碍是害怕失败。人们往往不做没有成功把握的冒险。这样，害怕失败意味着既惧怕未知，也惧怕由于没有"尽力做好"而引起的别人对你的不利看法。

种种"惧怕未知"的执念

我们已经审视了由于惧怕未知而引起的一些行为，如回避新事物，僵化，偏见，盲从计划，需要外界的安全感，害怕失败以及力求完美心理等。这些都属于负面的自我限制行为。下面，我们将列举这方面常见的例子。你可以对照评价自己的行为。

——一辈子总是吃一种风味的饭。不愿品尝风味新奇的饭菜，经常说"我就喜欢吃土豆烧肉"，或者"我总是要一份烧鸡"。虽然每人都有某种嗜好偏爱，但回避没有尝过的饭菜则是一种僵化行为。有些人从来没有吃过海鲜，或者从未去希腊饭馆或印度饭馆吃过饭，原因只不过是他们将自己局限于所熟悉的事物。然而，他们如果愿意冲出自己所熟悉的领域，便可以尝到各种奇异的美食。

——总是穿同样的几种衣服，从不试试新的式样，也不穿些其他不同的衣服。称自己为"穿着保守的人"，或者告诉别人"我只是觉得麻烦"。

——每天都看相同的几份报纸和杂志，浏览同样的几个网站，从不接受任何异见。在最近的一项心理实验中，研究人员请一个政治立场众所周知的人阅读一篇报纸社论。社论开头的观点与他的观点完全一样。读到一半时，社论的观点突然改变。通过暗藏的摄像机，研究人员发现，这位读者的眼睛突然转向该版报纸的另一部分。这个思想僵化的人甚至不愿意考虑一个不同的观点。

——总是看同一类电影，拒绝去了解其他新影讯，因为不想遭遇可能的"烂片"，因而必须将其他门类拒之门外。

——仅仅因为你的父母或祖父母选择了现在的住所，就一辈子住在同一条街、同一个城市或同一个国家，害怕搬迁到新地方去，因为那里的人、气候、政治、语言、风俗习惯等会有所不同。

——拒绝听取不同意见，不是认真考虑其他人的观点——"嗯，真没想到这一点。"而是一听到不同意见马上认为人家要么神经不正常，要么就是无知。这便是拒绝交流信息，避免与不同或未知的东西打交道。

——害怕尝试一项新的活动，因为你干不好。"我不会干这个，我就在旁边看看吧。"

——强迫自己在学校或工作中取得成功。分数是至高无上的，工作评语比做好工作的乐趣更为重要；只求工作、学习的成功，而不去尝试新的未知事物；研究问题时，总是停留在自己所熟悉的领域，因为"这样我会得5分"，而不愿冒着得3分的风险去探索一门新的学科，只想进行某种你知道将会成功的工作，而不愿冒失败的风险参加一种新的竞争。

——避免接触任何你认为异常的人，用贬义词语描述这些人，以使你免受因接触陌生事物而带来的恐惧。你不去试图了解这些人，而是将某些带有侮辱性的标签贴在他们身上，不去和他们交谈，而仅仅在一旁谈论他们。

——即使你不喜欢自己的工作，也死守着这一工作，不是由于你必须干它，而是由于害怕换一个新工作所带来的各种未知情况。

——勉强维持不美满的婚姻，因为你害怕那种陌生的独身生活；你已经不记得结婚前的生活是什么样的，因而也不知道离婚之后自己的生活将会怎么样。尽管你所熟悉的婚姻生活并不令人满意，但总比独身生活保险得多。

——每年都在同一季节、同一地点甚至同一旅馆度假，因为一切都是熟悉的，你不必冒险到新的地方去度假，尽管这可能是一种令人愉快的经历。

——不管你干什么，总是用成败权衡，而不是用乐趣来权衡，即仅仅去做那些你能干得好的事情，而不去做那些你可能失败或做不好的事情。

——以金钱为标准衡量事物的价值。如果某件东西价格高，那么它的价值也就高，因而也表明你个人成就更大。要记住，就算你可以用美元衡量已知事物的价值，但未知事物的价值是不能用货币标准来评估的。

——想方设法获得重要称号和头衔、高级汽车、名牌商品或其他象征社会地位的东西，尽管你也许根本不喜欢这些东西或它们所代表的生活方式。

——当出现更好的选择机会时，你不能改变原有计划。如果你离开预先定好的计划，就会在生活中迷失方向、不知所措。

——坚持刻板的时间观念，严格按照时间表生活，而不去尝试生活中大量新的未知事物；无论何时何地，甚至在床上睡觉都戴着手表，并且不越矩一步；按时睡觉、吃饭、做爱，而不论你是否疲劳、是否饥饿或是否有愿望。

——不赞赏你从未尝试过的某些活动，包括冥想术、瑜伽术、占星术、十五子游戏、麻将、健身术等"古怪"活动。

——死板地对待性生活，总是以同样的姿势做同样的动作，从不试试新的情趣方式，因为不合常规的活动让你觉得"怪异"。

——总是躲在同一群朋友中间，从来不去接触代表新的未知世界的其他人；总是与同一群人来往，一辈子都置身于这个小圈子之中。

——当你和爱人或朋友一同参加晚会时，从头至尾都和他（她）待在一起，并不是因为你愿意这样做，而是因为你觉得这样做保险。

——见到陌生人便畏缩不前，因为你害怕同他们谈到陌生的话题，总以为陌生人肯定要比自己更强、更聪明、更有本事或更善谈吐，并且以此作为回避新经历的理由。

——无论干什么事，只要失败了，就拼命怨恨自己。

我们还可以举出许多其他类似的例子。你或许可以自己列一张单子，看看由于这种惧怕未知世界的心理而引起的不健康行为到底有多少。然而，花费时间列举这方面的例子有什么意义呢？你应该对自己提出怀疑：为什么一定要平平庸庸、浑浑噩噩地过一辈子。

墨守成规的心理支撑体系

不到奇妙的未知世界去漫游，这对你确实有些"好处"，例如：

——由于你一直墨守成规，过着单调的生活，那么你就永远不必独立思考。既然你已经有一个计划，那么遇事只要看看计划就行了，而不必去动脑筋思考。

——回避未知也有"好处"。你是如此惧怕未知，那么你只要固守熟悉的事物，就不必担惊受怕，尽管这对于你的发展与成就会造成很大损失。走前人所开辟的道路总是保险的。然而，你可以想想哥伦布。当时，别人都告诉他，他的航海探险将彻底失败，然而他最后成功了。墨守成规总比冒险探索来得容易。毕竟，未知是一种挑战，而挑战总会构成某种威胁。

——你可以说，你在推迟自己的快乐，并认为这样做是"成熟的行为"，从而固守熟悉的事物并以此自我安慰。这样，似乎推迟快乐是"成熟"的"大人行为"，实际上，你固守自我、回避未知的原因不是别的，正是你疑虑未知、惧怕未知。

——你可以为自己做对了某件事而感到了不起。只要你以成败为衡量标准，总可以把做成某件事看作自我价值的提高，并因此自鸣得意。然而在这里，"做成了某件事"仅仅是别人对你的评价而已。

别再给人生设限

——努力选择并尝试一些新事物，即使你仍留恋着熟悉的事物。例如，在饭馆里点一道从未吃过的菜。因为这道菜名字别具一格，而且你或许会喜欢这道菜的。

——邀请一群观点与你相异的人到家里来做客。多和你不太熟悉的客人交谈，因为你对老朋友已经太了解了，无法汲取太多新"养料"。

——不要再费心去为你做的每件事找借口。当别人问你为什么要这样或那样做时，你的回答无须使别人满意。你可以去做你决定做的事，并享受其中，为什么呢？因为你乐意。

　　——试着去冒冒风险，使你跳脱日复一日的单调生活。例如，你可以在没有预订旅馆、没有准备攻略的情况下到外地度假。凭你自己的能力来解决任何可能出现的问题。要不，你可以换一个新工作，或者找一个你由于害怕而一直避免与之接触的人，同他谈谈话。上班时走另外一条路，或在午夜吃顿大餐。为什么？因为这与以往不同，而且你愿意这样做。

　　——设想一种美妙的情景：倘若你可以要什么有什么。充分发挥你的想象力。假设你有一大笔钱，足够在两个月内想怎么花就怎么花。你将会发现，你设想的所有计划几乎都是可以实现的。你不会去要天上的月亮或海底的珍珠，而是希望获得一些十分简单的东西；如果你不再惧怕未知并勇于奋斗，便同样可以获得这些东西。

　　——试图做一件可能使你的生活发生剧变但将对你有极大好处的冒险。我的一位同事多年来总是告诉他的学生和咨询对象说，人人都需要在生活中尝试未知事物。但在许多方面，他的这一劝告是空洞无力的，因为他自己首先就没有勇气去尝试。他一直在某所大学里任教，进行同一种咨询工作，享受着舒适的生活条件。他总是说，人人都可以较好地生存于新的、不同的环境之中，但自己一直眷恋着熟悉的"老巢"。后来，他终于决定在欧洲生活六个月，因为这是他多年的向往。他参加了海外大学教育方案的筹划工作，教了两期教育心理学短训班，并通过切身经历体会到他有能力处理各种未知的事物。他在西德工作了三个月后，加强了自己的内心安全感，并发现尽管他在纽约有熟悉的舒适环境，但在欧洲，他同样可以举办大量的讨论会、讲演并进行咨询。其后，他又在土耳其一个偏僻的小村子里住了两周，在那里，他做的事情比在纽约还多。这些经历终于使他懂得，他可以在任何时候到任何地方去尝试新生活——这并不是因为那儿的环境有多好，而是因为他可凭借自己的内心力量和能力，勇敢地面对曾经的脆弱和恐惧，顺利地处理不熟悉的未知事物。

——每当你发现自己避免接触未知事物时，问问你自己："如果我接触了未知事物，最糟糕的结果会是什么样？"这样，你很可能会看到，对未知的恐惧往往大于探索未知而产生的实际后果。

——试着做一些愚蠢可笑的事情，如在公园里赤脚走路，或者光着身子游泳。试着做那些因为你觉得"不应该这样做"而避免做的事情。重新看待那些你以前视为愚蠢可笑、避而不做的事情，开阔眼界，尝试新事物。

——常常提醒自己，惧怕失败往往是惧怕别人对你的否定或讥讽。如果"走自己的路，让别人去说吧"，你便能够用自己的标准而不是别人的标准评估你的行为。你衡量自己行为的标准，将不是你的能力是否高于或低于别人，而是你的能力独一无二，他人无法替代。

——试着去做你一直以"我做不好"为借口而回避的事情。你可以用一个下午来绘画，让自己得到充分享受。即使你画出的画不太好，你也没有失败，因为你至少高高兴兴地度过了一个下午。在我的起居室的墙上，挂着一幅油画。要从艺术角度来评价，这幅画可真是糟透了。不管谁看见这幅画，都会说它是如何糟糕，或者极力回避这样说。然而，在油画的左下角有一行小字："送给您，戴埃博士，我并没有把最好的作品给您。"原来，这幅画来自我以前教过的一位学生，她曾一直不敢作画，因为她很早以前就觉得自己的画太难看了。尽管如此，她还是用了整整一个周末来画这幅画，目的只不过是消遣一下。就这样，这幅画成为我最珍贵的礼物之一。

——记住：成长发展的反面是僵化死亡。这样，你可以下决心每天都以不同的新方式去生活，去发挥你的主动性，进而享受生活。否则，你就会做出另一种选择：惧怕未知，永远单调地生活；失去活力，在精神上死亡。

——接触那些你认为使得你惧怕未知的人，主动同他们谈谈话。向他们明确表示，你打算尝试新的事物，看看他们反应如何。你会发现，他们的怀疑态度曾是你担忧的因素之一，因而你总是在这些否定态度面前陷入惰性。既然现在你可以正视这种态度，那么你便可以发表你的"独立宣言"，摆脱他们的控制。

——放弃"尽力做好每件事"这一信条，让你和你的孩子选择那些重要的事物，努力做好；至于生活中的其他方面，只要去做就行了，尽力做好每一件事情是不必要的！**事实上，"尽力做好"这一概念是极为荒谬的。不论是你还是其他任何人，都不可能绝对"尽力"做好每一件事情，任何事物都有可供改进之处；就其属性来说，人是做不到尽善尽美的。**

——不要让你的观点阻碍自己的发展。根据过去的经验形成看法并坚持这一看法，无异于无视现实。重要的是现在，过去的真理未必是现在的真理。在评估你的行为时，不要根据你的观点，而应根据当下的具体情况、根据你现在的经历。如果你重视现在的经历，而不是以主观意志代替客观现实，你就会发现未知是一个奇妙且值得探索的世界。

——记住：别人能做的事，你也一定能做到。你可根据自己的选择，实现你的任何目标。牢牢记住这一点，每当为保险起见而回避未知时，都提醒自己一下。

——每当你发现自己回避未知时，马上警觉起来，同自己进行一场对话。告诉自己：在生活的具体关头不知道正在往哪儿走，这并没有什么值得忧虑的。要改变一种习惯，首先必须对其有所意识。

——故意在一些事情上失败。如果你输了一场网球，或画了一幅糟糕的画，你的个人价值是有所减少呢，还是没有变化？你是不是仍然可以从愉快的活动中获得乐趣?

——同你过去一直避而不接触的人谈谈话。你很快就会发现,以前所持的偏见使你不再成长,并使别人对你不感兴趣。如果你在接触某人之前便对他做出评价,那么你便不可能真正地了解他,因为你已对他有了成见。你所接触的人越多,你就越会感到自己由于偏见而失去了多少接触和了解他人的机会,那些恐惧感和偏见是多么荒谬可笑。认识到这点之后,未知将成为你不断探索的领域,而不是你所惧怕、回避的某种怪物。

上述建议是消除惧怕未知心理的一些积极方法。要消除这种心理,首先要重新审视你的回避行为,然后对自己以往的行为严肃地提出怀疑,最后积极地向新的方向发展。假设以前伟大的发明家、探险家、先驱者都惧怕未知,那会出现什么情况呢?——整个人类可能依旧过着刀耕火种的生活。历史表明,未知之中孕育着发展——社会的发展,以及个人的发展。

假设你现在走到 个三岔路口,一边是安全稳妥的道路,另一边则是通向无人涉足的未知之路。你会选择哪一条道路?

弗罗斯特在他题为《没有走的路》的诗中回答了这一问题:

林间的小路岔为两条小径,

我选择了几乎无人涉足的那一条。

这个选择是个多么重要的决定!

要走哪一条道路,选择完全得由你做出。惧怕未知的负能量,在等着你以充满智慧和意志力的正能量来取代。只要你真心想尝试,并释放自己的愿望,这个世界就会积极地给你回应。在生活的道路上,你不必非得知道自己在往哪儿走,只要你在走,在向前走……

第7章
打破一切常规

世界上没有任何放之四海而皆准的
规则、法律或传统习惯，包括这条规则
在内。

Your
Erroneous
Zones

正能量 实践版

在我们的世界上，有各种各样"应该""必须"的框框，构成了一个负能量的陷阱，人们往往不假思索地照"章"行事。你可能对自己遵循的规则和方针不以为然，但同时又无法摆脱其束缚，无法自己确定适用的规则和方针。

任何事物都不是绝对的。任何规则或法律都不能保证在各种场合均能适用，或取得最佳效果。相比之下，具体情况具体分析的原则具有更大的普适性。然而，你可能会发现，违反一条不适用的规定或打破一种荒谬的传统很困难，甚至不可能。**顺应社会潮流看起来的确"安全"，然而如果走向极端，你往往就会被负能量所控。在某些情况下，按条条框框办事甚至会使你情绪低落、忧心忡忡。**

当然，本章并没有提出也丝毫没有暗示说，你可以任意违反法律或规则。但是，盲目遵循常规则完全不同。对于人来说，盲目服从可能比违背规定更为有害。有些规定是荒谬的，会使你身上的正能量损耗殆尽。在这种情况下，你如果盲目地循规蹈矩，就无法得到成长。现在，你应该重新审视自己的行为，与自己的内心联结，去寻回真正的自己。

　　林肯曾经说过："我从来不为自己确定永远适用的政策。我只是在每一具体时刻争取做最合乎情理的事情。"他没有使自己成为某项规则的奴隶，即使对于普适性的规则，他也并不强求在各种情况下都僵硬遵从。

　　一种规定或规矩如果妨碍精神健康，阻碍心智的成长，就是不可取的。倘若你一方面遵守规矩，一方面又认为这种规矩是消极而令人讨厌的，那你便已经放弃了自己选择的自由，让外界因素控制了自己。认真分析一下内在控制型及外界控制型的人，将有助于你进一步审视自己生活中大量充满负能量的条条框框。

内在控制与外界控制

　　据估计，我们的社会中至少有 75% 的人属于外界控制型。这就是说，你也很可能属于这类人。**外界控制型是什么意思呢？简单地说，如果你认为其他人或其他事物应对你现在的情绪负责，你就是外界控制型的人**。这样，对于"你为什么情绪不高"这一问题，外界控制型的人就会回答说，"父母待我很不好""朋友们不喜欢我""我最近倒霉得很"，要不就是"事情不太顺利"。反之，如果有人问"你为什么这么高兴呢"，他们就会说，"朋友们待我很好""我时来运转了""没有人找我麻烦"，要不就是"她喜欢我了"。这种人还是在用其他的人或事解释自己的情感，所以依然受着外界的控制。

　　内在控制型的人勇于为自己的情感承担责任，这种人在我们社会中确属少数。对于上述"情绪为何不高"的询问，他们的回答更侧重于自己的内心世界："我自己产生了一些错误的念头""我过于注重他人的意见""我太担心别人会怎么看""我还不够成熟，所以难免会情绪不高""我还没有学会摆脱精神上的痛苦"。同样，内在控制型的人在情绪高昂时，也会用"我"来解释："我努力保持精神愉快""我为自己创造了有利条件""我主宰着自己，而且愿意保持精神愉快"。这样，我们就有四分之一的人为自己的情感承担责任，而其余四分之三的人则将一切归咎于外界因素。你是属于哪一类呢？所有的规矩和传统几乎都是外界因素强加于你的，也就是说，它们不是由你，而是由其他的人或事决定的。如果你的生活充满着他人制订的条条框框，而你又不能挣脱其束缚，那么你就是一个外界控制型的人。

在这方面，我最近接待的一位顾客就是一个很好的例子。我们暂且可称她为芭芭拉。芭芭拉感到头痛的主要问题是肥胖症，当然她也有着各种各样的小问题。在我们讨论她的肥胖问题时，她说她的体重总是过高，因为她的新陈代谢机能不太好，自幼时起，母亲就总是让她多吃。如今她还是吃得很多，她说这是因为丈夫不照顾她，而孩子也不为她着想。她抱怨说，为了减肥，她已经尝试了各种方法——节食、减肥药、饮食医生的各种方案，甚至还用了占星术。她现在没有别的办法，只有求助于心理疗法。她说，如果真有一个人能使她减肥的话，那就只能是我了。

根据芭芭拉所讲的情况以及她对自己处境的看法，她不能减掉多余体重的原因是显而易见的——每一个人、每一件事都在与她作对，这其中包括她的母亲、丈夫、孩子、自己的身体，甚至天上的星星。节食减肥和饮食医生或许对某些人是会有些帮助的，但是对芭芭拉来说，完全不奏效。

芭芭拉是一个外界控制型的人。在她看来，使她发胖的是自己的母亲、丈夫、孩子以及自己身体上某些无法控制的部位。这一切与她在某时某刻大吃某种食品是毫无关系的。同她对于这一问题的认识一样，她在努力解决这一问题时，注意力也是侧重于外界的。她并没有认识到自己过去选择了过度饮食，而要降低体重就必须学会做出新的选择。相反，她转而求助于其他的人或事——社会所确认的减肥方法；朋友们都参加节食运动了，芭芭拉也参加了；朋友们发现了新的饮食医生，她也马上跑去登门就医。

经过几个星期的咨询，芭芭拉逐步认识到，她之所以精神不愉快和体重偏高，都是由于她自己选择的结果，并不是他人造成的。首先，她承认吃得太多，常常超出自己的实际需要，同时很少进行体育锻炼。她做出的第一个决定便是实行严格的自我克制，改变自己的饮食习惯。实际上，她可以并且愿意支配自己的大脑。后来，她在感到饿的时候，就克制自己不吃点心，努力证实自己内在的能量。她不再抱怨丈夫和孩子待她不好。她逐步认识到，自己多年来都在充当一个牺牲品，甚至一直希望丈夫和孩子来欺负她。于是，芭芭拉便开始提出要求，让丈夫和孩子不要再这样对待她。她发现，他们很快都改变了对她的态度。芭芭拉与家人相敬相爱，这种关系使她得到了满足，所以她再也不必到食品中去寻求慰藉了。

此外，芭芭拉决定减少同母亲在一起的时间，因为她开始感到母亲总要控制她的生活，要她多吃多喝，这恰恰妨碍着她的积极生活。她慢慢认识到，母亲并没有控制她，她愿意何时去看望母亲就何时去，而不必非要遵守母亲指定的时间；同样，即使母亲说她应该吃一块巧克力蛋糕，她也并非一定要吃不可。到这时，芭芭拉才开始从与母亲的相处中获得乐趣，而不再感到别扭。

最后，芭芭拉认识到，心理疗法对她的外界环境没有丝毫影响。我并不能改变她的处境，她必须改变自己。她在经过长时间的努力之后，终于逐步用她自己的内心标准取代了外界强加给她的条条框框。她现在身材苗条了，精神上也很愉快。她已经懂得，给她造成痛苦的，既不是丈夫和孩子，也不是母亲，更不是星星，而是她自己。**她现在确实控制着自己的大脑思维，当她这样调整情绪和自我认知时，并没有意识到正向的能量已经在自行运作了。**

宿命论者以及相信运气的人都属于外界控制型。你如果以为自己的一生都由命运预先安排好了，那么只需按部就班地生活就行了，你很可能在各方面都受着约束，以至在生活中总是谨小慎微，不敢越雷池一步。

倘若你不冲破外界因素的控制，或者总是认为外界因素在控制着你，就不可能真正地成长，不可能有所作为。成长并不意味着要消除生活中的所有问题，而意味着将外界控制转变为内在控制。这样，你就要对自己感受到的每一种情感负责。你不是一个机器人，无须根据他人制订的各种莫名其妙的程序，糊涂地度过自己的一生。你应该更为严格地审视这些条条框框，逐步控制自己的思想、情感和行为。

每当你不愿为生活中的某件事承担责任时，你都可以求助于抱怨责怪，这正是外界控制型的人的护身法宝。

抱怨责怪徒劳无益。你可以尽情地抱怨别人，拼命责怪他们，但对自己不会有任何帮助，反而会抑制正能量的产生。抱怨的唯一作用是为你自己开脱，把自己的精神不快或情绪消沉归咎于其他的人或事。然而，抱怨本身是一种愚蠢的行为。即使抱怨能够产生一定的实际效果，这种效果与你也是毫不相干的。通过抱怨，你可能会使别人悔恨，但你不可能由此而消除使你不快的原因。对于这种原因，你或许可以不去想它，但无法借抱怨而改变它。

你如果常常将注意力放在别人身上，就有可能走向另一极端——偶像崇拜。在这种情况下，你会靠别人确定你的价值观念。因此，如果别人做了一件事，你也希望做这件事。偶像崇拜实际上是自我否定，因为你在抬高别人，贬低自己，并且将自己的生活依附于外界事物。**你可以赞赏他人及其成就，这其中并不带有任何自我挫败的因素。然而，如果你模仿他人的言谈举止，甚至顶礼膜拜，这就构成了一个负能量"陷阱"。**

要记住，你所崇拜的每一个对象都是人，都是同你一样有血有肉的凡人。他们每天同你一样做着各种普通的事情。他们也食人间烟火，也有七情六欲，身上也会感到发痒，早晨起床时嘴里也会发臭（崇拜他们或许还不如崇拜火腿和面包）。所以，偶像崇拜实在是没有任何意义的。

在生活中，你所崇拜的伟大人物并不会使你本身有所提高。他们在任何方面都不比你更为高明。看看那些政治家、演员、运动员、歌星，或者你的上级、咨询医师、老师、爱人，等等，他们之所以成为他们，仅仅是因为他们在其工作中颇有作为，然而也就仅此而已。如果你将这些人作为崇拜对象，把他们摆到高于你的位置，那么你就是让别人负责保持你的良好情绪，从而难免与外界控制型的人为伍。

如果你总爱抱怨，或者有偶像崇拜的倾向，那么你在下面这条"注重他人之线"上便可找到你的位置。①

① "注重他人之线"的英文是"Focusing On Others Line"，其缩写为"F.O.O.L"，意即"傻瓜"。

偶像崇拜

<————————————————————————————————>

抱怨责怪   傻瓜（F.O.O.L）

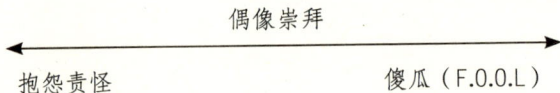

如果你要用外界因素来左右自己的感情，或作为自己的行为标准，你就会像傻瓜一样。你应该看到自己的成绩，勇于为自己的行为承担责任，这是跳出负能量陷阱的第一步。你完全可以将自己作为崇拜对象。当你不再抱怨他人、不再崇拜偶像时，就可以从外界控制型转为内在控制型。对于内在控制型的人来说，普遍适用的"应该"标准是不存在的，无论对自己还是对别人，都是如此。

跳出非黑即白的陷阱

本节所论述的是非问题与宗教、哲学或道德等方面的是非概念完全不同。这里的重要研究对象是你，是你的是非观念怎么会使你精神不愉快这一问题。一般而言，你的是非观念是一种普遍适用的"应该"标准。在这方面，你或许有着一些不确切的认识，例如，你可能认为，所谓对的就是好的、合理的，而所谓错的则是坏的、不合理的。其实，这种认识是荒谬的，因为世上根本不存在这种意义的"是"与"非"。这种"是"本身有一种保证：你如果以特定的方式做某件事，就肯定可以成功。然而，这种保证实际上是没有任何意义的。从现在起，你可以将某个决定视为不同的、有效的或者是合理的，但如果你将其视为对的或错的，那你就掉进了一个负能量陷阱，即"我一定要保证事事正确，如果某个人或某件事出了差错，我就要不高兴"。

你需要找到正确答案的心理，同我们前面所谈到的寻求稳妥心理可能有一定联系。这也许是你愿意将事物绝对化的一种表现。在这种情况下，你总是会将世界划分为完全对立的两个方面：黑与白、是与非、好与坏、对与错。事实上，要将世界上的事物都这样绝对地分类往往是不可能的。聪明人通常都游荡在模糊的中间地带，他们轻易不会明确地说对或错。这种喜欢黑白分明的倾向在家庭生活及其他各种人际关系中最为明显。你或许会注意到，人们平常进行的讨论总是会发展为辩论，最后无非是要证明一方是正确的，另一方是错误的。人们常常说"你总认为自己一贯正确"或者"你从不认错"。但是，在日常讨论中，往往不存在是非问题。人是各不相同的，他们看问题的角度也不尽相同。倘若非要证实一方是正确的，结局必然是中断思想交流。

现在，只有改变以是非标准衡量一切的思想方法，才能跳出这一陷阱。例如，克里福德每天都在家里与妻子争吵。我向他建议说："不要总是力图向你妻子表明她错了，你不妨只同她讨论讨论，而不去辩明谁对谁错。只要你不再强求她接受你的意见，你也就不必自寻烦恼，不必为证实自己的正确而无休止地争吵了。"其实，各种是非观念都代表着一种"应该"框框。这些条条框框会妨碍你成长，使你无法与正向的能量联结起来。当你的条条框框与他人发生冲突时，尤为如此。

消除是非观念的负能量"捆绑"

我曾问过一位前来咨询的人，他是否很难做出决定。他回答说：

"嗯——这很难说。"你或许会觉得难于做出决定，甚至在小事上也是如此。这是习惯于以是非标准衡量事物的直接后果。人们之所以优柔寡断，因为他们总希望做出正确的选择，以为通过推迟选择便可以避免犯错误，从而避免忧虑。如果做决定时能够抛开僵化的是非观念，那你将轻而易举地做出决定。如果你在报考大学时竭力要做出正确的选择，则很可能不知所措，即使做出决定后，也还会担心自己的选择可能是错误的。因此，你可以这样改变自己的思维方法："所谓合适的学院是不存在的。假如我选择甲学院，可能会出现这些情况；可要是我选择乙学院，则会出现另一些情况。"这两者都谈不上正确或错误，仅仅是有所不同而已。无论是选择甲学院或乙学院或其他学院，都不会得到任何保证。同样，要消除优柔寡断的弊病，就不应将各种可能的结果看作对的或错的、好的或坏的，甚至不应视为更好或更差。各种选择的结果只是不同而已。例如，在商店里，如果你买这件衣服，穿上之后你就是这个样子，这与你穿另一件衣服只有差异，并没有好坏区别。**只要你不再采用自我挫败性的是非标准，就会认识到，每当你做出一项决定时，你只是在权衡选择哪一种结果。倘若你事后后悔自己的决定，并且认识不到后悔是浪费时间，下一次你就会做出不同的决定，以达到你的期望。无论如何，你绝不会以"正确"或"错误"来形容自己做出的决定。**

任何事情都没有主次之分。一个孩子在海滩上拾贝壳，通用汽车公司的总经理在制定一项重大决策，这两个人所做的事都无所谓更为正确或更为错误、更为重要或更为次要。他们仅仅是在做着不同的事情而已。

你可能会认为错误的思想是不好的，甚至根本不应提出来，应当鼓励正确的思想。你或许会对孩子、朋友或妻子说："不正确的话不说，不

正确的事不做。"问题恰恰出在这里。这种以权威自居的态度如果扩大到
国家或国际范围，就会发展为极权主义。应该由谁来确定事物的是非曲直
呢？这是一个无法圆满回答的问题。法律只能决定一件事是否合法，却不
能决定它的对错。一个多世纪以前，穆勒在《论自由》一书中指出：

> 我们永远无法确定我们所压制的是不是错误的意见。即使我们压制的
> 是错误的意见，压制意见的做法也比错误意见本身更为邪恶。

衡量真正生活与否的标准并不在于能否做出正确的选择。你在做出选
择之后，控制情感的能力则更为明确地反映出自我抑制能力，因为一种所
谓正确的标准包含着我们前面谈到的"条条框框"，而你应当努力打破这
些条条框框。这里提出的新的思维方法将在两个方面对你有所帮助：一方
面，你将完全摆脱那些毫无意义的"应该"标准；另一方面，在消除了是
非观念的负能量"捆绑"之后，你便能够更加果断地做出各种决定。

荒谬的"应该""必须"标准

有人创造了一个小词，叫"必须性"，借以描述人们循规蹈矩、安分
守己的心理。每当你违心地根据"必须""应该"标准行事时，你就陷入
了"必须性"的陷阱。一位杰出的精神病学家曾指出：

> 各种所谓的"应该"标准必然给人造成精神压力，越是努力遵照这

些"应该"标准行事，所受到的压力也就越大……此外，由于这些"应该"标准是外界强加的条条框框，所以它们总是会影响到人与人的关系。

"应该"标准在你的生活中占有主导位置吗？你是否觉得自己应该和善地对待同事，应该照顾妻子，应该帮助孩子，应该努力工作？如果你在某一方面未能达到标准，你是否会责备自己，是否会感到精神上的压力？当然，这些"应该"标准或许并不是你自己制定的。假如这些标准是别人的发明，而你仅仅是搬来借用，那你就陷入了"必须性"的陷阱。

实际上，同"应该"的框框一样，"不应该"的框框也是数不胜数的，比如：不应该粗鲁，不应该发脾气，不应该稀里糊涂，不应该过于幼稚，不应该没羞没臊，不应该抑郁不乐，不应该唐突无礼，等等。然而，你没必要在精神上折磨自己。不能保持冷静或不善于"察言观色"都是正常的。你只要愿意，就完全可以不去顾及脸面的问题。没有人会给你打分，你不按照别人的意愿说话办事也不会受到惩罚，更何况强迫自己做不情愿的事情肯定难以持久。因此，任何条条框框都会给你造成精神压力，因为你不可能完全合乎"规则"，不出差错。给你造成精神压力的并不是你的不庄重、不顾他人、轻率随便等行为，而是外界强加于你的各种条条框框。

无意义的"规矩"

你不妨回顾一下那些毫无意义的规矩，人们从你小时候就告诉你要遵守这种或那种规矩，其原因仅仅是大家都这样做，这是"约定俗成"的。

例如，就餐有固定的方法；出外吃饭要等女主人先动手；到教堂参加婚礼要坐在右侧；在为双方做介绍时，先将男士介绍给女士；应该穿哪种衣服，说什么话……言下之意，不用自己去思考判断，只要照"规矩"办事就行了。当然，在生活中讲礼貌是合情合理的，人人要尽量为别人着想。然而，在繁文缛节中，有90%是毫无意义的规矩，因为这种规矩是人们过去凭空武断地确定下来的，实际上，你根本不必机械地遵守这些死板的规则；只要不妨碍他人，你认为怎样做合适，就可以怎样做。你可以依照自己的意愿，决定如何为人做介绍、穿哪种衣服、说什么话、坐在哪里、怎样吃东西，等等。你如果不知道"该穿什么衣服"或"如何做事"，非要小心翼翼或请教别人，那你就是放弃了自己的一部分价值。我并不是要大家成为社会的叛逆者，叛逆者其实是通过标新立异来寻求赞许；我所要提倡的是在生活中以自己而不是以外界为核心。**真正的生活意味着无须在精神上求助于外界，否则你的人生就是狭隘的、受限的，离正向的能量越来越远。**

盲目服从规则的误区

有史以来，人们在服从命令的旗号下，做出了一些最为可鄙的事情。纳粹德国在第二次世界大战期间，迫害并屠杀了600万犹太人和其他民族的人，因为这是当时纳粹的"法律"。战争结束后，这种野蛮行径的罪责被一级级地推到了纳粹政权的最上层，以至于最后在整个德国只有希特勒及其几名高级官员对这些惨无人道的罪行负全部责任。至于其他人，仅仅

| 156 |

Your
Erroneous
Zones
正能量
实践版

在执行"元首的命令",遵守"第三帝国的法律"。

在纽约州,有一位官员由于疏忽多征收了一部分人的不动产税。他决定不退回这笔多征的税收,其理由是:"对已经征收的税务不能做出任何更改,这是法律。我无能为力,我的职责是执行法律,不是解释法律。"倘若换一个时间、换一个场合,这位官员肯定会成为一个出色的纳粹党卫军刽子手。然而,你从这里可以了解到这种典型的腔调,你或许可以经常听到这种腔调:不要思考,执行规定!即使是错误的规定,也要执行。

在游泳池、网球场以及其他公共场所,大约有一半的规定都是毫无意义的。例如,在一个炎热的傍晚,我见到一群年轻人坐在游泳池边上,显然很想在水里泡一泡。我问他们说,池子里并没有人,为什么不下水游泳。他们的回答是:下午6点至8点是成年人的游泳时间。这是规定。虽然暂时没有成年人在游泳,但是规定不能违反。这简直没有任何灵活性可言,在条件允许的情况下也不能改变规定。即使一项规定在特定条件下是毫无道理的,也应坚决执行。我向这些年轻人建议,应该想办法修改这项规定。结果游泳池管理部门给我打电话,叫我不要煽动情绪。

在我们的社会里,往往可以看到严格执行荒谬规定的情况。在此方面,军队是一个极好的例子。我的一位同事曾给我讲述过士兵们如何坚决执行规定的一件事。他的所在部队在南太平洋关岛驻扎期间,有这样一项规定:在露天看电影时,军官可以坐在有顶篷的红条凳上。可是在半夜放电影时,军官是从来不去看的。这时就会有一个士兵专门守着这些空着的红条凳,禁止任何人坐上去。这样,在夜晚你经常可以看到一群水兵冒着雨看电影,而一排红条凳却空着,旁边还有一名士兵在看守,以确保规定得以遵守。我的这位同事上前询问为什么要遵守这种荒谬的规定,他得到了一个标准的答复："我不负责制订规定，我只管实施规定。"

黑塞曾在《德米安》一书中写道：

> 有些人极为贪图安逸，他们不愿思考，不愿判断问题，仅仅满足于安分守己地生活；另一些人则在内心制定有自己的法律。然而，法律明文禁止他们去做每个正直的人都会做的事情，可以去做的往往是他们不屑一顾的事情。尽管如此，每个人又都必须做出自己的决定。

假如你要时刻遵守各种规定，就会成为规定的奴隶。但是，我们的社会倡导的就是循规蹈矩和不越雷池。所以，你自己要确定哪些规定是可取的，并且是维护社会秩序所必需的，而哪些规定是在不妨碍自己或其他人的情况下可以违反的。为反叛而反叛是没有意义的，如果你能够按照自己的意愿自在地生活，倾听内在的声音，就会得到极大的收益。

你可以做出自己的选择

个人的成长和世界的发展都需要不同常理的人，而不需要顺应潮流、听天由命的人。推动社会进步的是具有革新精神、敢于打破常规、改造环境的人。**如果你要变消极适应环境为积极改变环境，就必须学会抵制促使你顺应社会习俗的各种压力，可以说这是真正成长的必要条件。**这样，别人或许会认为你这是离经叛道；然而，要自己思考问题，就要准备付出这种代价。人们可能会说你别出心裁，标新立异；"正常"人可能不赞许你，甚至会孤立你。其实，既然你否定了其他人所信奉的行为标准，他们自然会不以为然。你会听到人们经常提出怀疑："如果每个人都像你这样，仅仅遵守自己愿意遵守的规定，那我们的社会将会多糟糕？"对这种荒谬的说法，一个最简单的答复是：这样的"如果"根本不可能发生！我们社会中大多数人都习惯于依赖外界、循规蹈矩，因此他们不可能都这样做。

这绝不是鼓吹无政府主义。我们并不希望破坏社会秩序，只是希望在维护社会秩序的前提下，挣脱那些毫无意义的"必须""应该"的枷锁，使个人得到更多的自由。

即使是合理的法律与规则也并非能适用于各种场合、各种环境。我们要努力争取的，是灵活做出选择的自由，也就是说要能够不受精神束缚，不必总是严格按规矩办事，不必时时刻刻考虑社会环境的僵化要求。否则，你就是一个毫无主见、随波逐流的人。要掌控自己的生活，就需要灵活变通。的确，亦步亦趋、照章行事比较容易，然而只要你认识到规则是为你服务的，而不是你的主人，你就会逐步跳出"必须性"的陷阱。

要抵制不合理的社会习俗，首先要心胸开阔。别人可能会违心地按规定办事，可你最好学会允许他们做出自己的选择。不应为别人的选择生气，只要坚持自己的信念就行了。我的一位同事曾在海军的一艘航空母舰上服役。当艾森豪威尔总统在竞选期间抵达加利福尼亚州时，他们的军舰正停泊在旧金山。上级命令全舰官兵列队组成"HI IKE"（即英文"你好，艾克"）五个字母，这样总统从直升机上便可以看到航空母舰的这一问候。我的这位同事认为这是一种荒谬离奇的做法，决定不参加这项活动，因为这种做法与他本人的信仰格格不入。但是，他没有公开抵制这项活动，而是在那天下午悄悄溜走了。他既没有阻碍其他人参加这种无聊的礼仪活动，也没有站在队列中，只是在字母里留出了一个小小的空当，耸耸肩膀走掉了。这样，既不会得罪愿意参加这一活动的人，也不至于引起无谓的争吵。

要想不为社会环境所左右，就需要做出自己的决定，争取不声不响地付诸行动。大吵大闹、表示敌对情绪都不会起到积极作用。不合理的规定、传统是不会轻易消失的，然而你不必受其约束。其他人如果愿意听任摆布，这与你没有关系。他们要这样做完全可以，但对于你是不适宜的。为这种事而大吵大闹往往会引起别人的反感和恼怒，并且会给你自己造成更多的障碍。在日常生活的许多问题上，你将发现，悄悄回避一些规定要比公开对抗来得容易一些。你或可按照自己的意愿生活，或可根据别人的要求生活，这得由你来选择。

各种导致社会变革的新思想最初往往是为人们所拒绝的，甚至曾经是不符合法律的。进步总是与过时的传统发生冲突。爱迪生、福特、爱因斯坦以及莱特兄弟在取得成功之前，都曾受到人们的嘲讽。同样，你如果抵制不合理的规定和措施，也会遭到一些人的反对。

丧失自我的盲从行为

如果要将各种"必须性"行为全部列出来，大概要写成厚厚的一本书。下面仅仅列举社会中最常见的一些典型行为：

——认为什么东西都要放得有条有理。否则，你就会觉得不自在，这便是一种过分爱整洁的强迫症。

——经常问别人："我该穿什么？"仿佛只有别人才能确定一种合适的

| 160 |

Your
Erroneous
Zones

正能量
实践版

服装。白色的裤子和浅色的衣服只能在夏季穿，毛料衣服只能在冬季穿。另外，你在生活中还有其他许多"根据季节变换"的规矩。（在《夏威夷》一书中，作者詹姆斯·米切纳描述了新英格兰人在抵达夏威夷之后，不熟悉当地热带气候的情景：到了十月份，虽然气温依然高达 30 摄氏度，但他们出于习惯，美滋滋地取出了冬季服装，穿着厚实的呢子衣服度过了极不自在的六个月。他们为什么这样做呢？因为按照规矩，应该如此。）你或许会盲目地听取时装评论家的意见，总是穿"当下流行"的衣服，因为这毕竟比较保险。

——一定要根据饭菜决定饮料：吃鱼、吃鸡鸭时应喝白葡萄酒，吃牛肉时应喝红葡萄酒。你不能自行选配饮料，完全为通行的规定所束缚。

——出了问题抱怨别人。"的确是她的过错，要不是她，我们还不会迟到的。""不要怪罪我，这是他干的。"

——别人结婚时，你觉得必须参加婚礼或送件礼品，甚至在自己不愿意时，也要这样做。当别人邀请你时，你总觉得不能不出席婚礼。你可能已厌倦送礼，但又总要走过场做做样子，因为按照人情应该如此。此外，你还违背心愿地参加葬礼，因为大家都认为你应该这样做。你必须出席，以显示出你通情达理。

——你虽然没有信仰，但还是参加自己所厌烦的宗教活动，因为别人希望你这样做。

——到某个时间就上床睡觉，而不管自己是否感到困乏。

——在性生活中，仅仅采取你所接受的一两种姿势，或者非要保证各方面条件都得到满足，如孩子们都睡了，你不觉疲乏，屋里的灯调暗了，等等。

——根据传统进行日常生活的分工。妻子负责收拾锅碗瓢盆，丈夫出去倒垃圾；家务是妻子的事，外勤则是由丈夫负责；男孩子扫地，女孩子擦玻璃。

——盲目地维护不适用的家规，例如：离开饭桌前应征得家人同意，要求大家一同进餐，不能大声交谈，等等。

——成家之后，每个星期天都要到妈妈那里去吃顿饭，其实你并不愿意这样做。然而，这已成为一种习惯，尽管每个人包括妈妈在内都不喜欢这样，但你还是要保持这一习惯。

——读书时，即使书中有一半内容是无关紧要的，也总要从第一页起逐字逐句地看完全书；或者由于一本书已经读了一半，尽管你对它已失去兴致，也还要读完它。因为照你的规矩，一本书既然已经读到一半，不读完就非常难受。

——作为女生，绝不主动提出与男生约会，因为这样很没面子。你也从不主动给男友打电话，也不跟男友说"想你了"，总认为女孩子就应该是被动的。

——外出度假期间，给朋友寄明信片问候，同时又厌恶这种做法。你之所以寄明信片，是因为别人希望你这样做，而且你一直是这样做的。

——在学校里一心要争取个好分数，或者要求自己的孩子这样做。努力学习的目的并不是充实自己，而是要得到最后那张文凭。

——总是在问："他适合我吗？"并且总是在困惑地寻求一个合适的人。

——无论走到哪里，都同自己的伴侣在一起，因为照理应该如此。尽管在某些时候，你们两人可能希望到不同的地方做不同的事情。

——做任何事情都要到指导书中寻求答案，不论是增长知识的小册子，还是让你干这干那的规则条文，都不加分析地一概接受。

——这件衣服合适吗？这顶帽子、这辆汽车、这件家具、这所大学、这瓶调味料、这种食品、这类书籍、这个工作等等都合适吗？总是渴望找到合适的一切，因而常常感到困惑和犹豫不决。

——十分重视奖励、奖章、头衔等荣誉象征，并且将这些东西看得重于你对自己取得的成就的评价。

——总是说"我绝不可能像某某人那么出色"。

——在剧院里，即使你并不欣赏某一个节目，也要同其他观众一起鼓掌。

——在饭馆里，即使你对服务并不满意，也依然照付小费。

——本市代表队每场比赛的输赢都会使你发狂，尽管你对这项运动并不太感兴趣。

实践版 "必须性"行为的"好处"

下面将详细提出一些促使你坚持各种"应该"标准的原因。同其他负面行为一样，"必须性"的各种"好处"大都是自我挫败性的，不过它们本身也构成了一种自我支撑系统。

——你如果听话、守规矩，就会被人视为"懂礼貌"。你可以赞赏自己的顺从行为。这种好处使你退回到儿童时代，也就是说，每当你听话、守规矩时，都会得到赞许，这样你就总是要靠别人来确定你的行为准则。

——只要遵守外界的"应该"标准，那么即使自己毫无长进、一事无成，也可以将责任归咎于外界。如果是外界的"应该"标准使你陷入目前的状况，你也就不必冒着风险去做出改变。例如，玛乔里是位 34 岁的女士。由于十分忌讳婚前性行为，迄今为止她从未体验过性生活。玛乔里在内心感到很不得志，并且十分希望改变一下现状。此外，她也许不会结婚的，这样她的"应该"标准（在这里说"不应该"标准更为贴切）就会使她终生无法体验生活的这一方面。她每每想到这一问题，总是惶恐不安，然而，她的"不应该"标准依然如故。在其他方面，她也由于这种规矩而受到束缚。她怕别人说长道短，甚至不敢在男友家中过夜，每天晚上她都必须赶回家待在妈妈身旁。玛乔里一直坚持守规矩，因而也就无法进一步深入发展与男友的关系。但是，她总是回答说："我不应那样做。"显然，她的各种"应该"标准使得她难以得到幸福。

——你的"必须"标准使你便于控制他人。只要告诉别人应该怎样做事，你就可以让别人根据你的意愿行事。

——当你缺乏自信时，求助于"应该"标准是一种很容易的解决方法。当自我形象下降时，"应该"标准则成为一种防御系统。

——当别人违背了某种行为标准时，你可以反对，并为自己的行为辩护。你蔑视其他人"不守规矩"，这样便可提高你的形象。

——你如果循规蹈矩，便可得到赞许。只有顺应环境，不做任何出格的事，才能保持精神愉快，这是你一直受到的教育。在这里，我们前面已经谈到的寻求赞许心理也在作祟。

——如果你的眼睛总是盯在别人身上，总是通过别人的成功和失败来体验生活，你就无须努力改变自己的行为。为自己树立崇拜对象会使你进一步降低对自己的看法，这样你就不必努力改进或提高自己。如果你心目

| 164 |

Your
Erroneous
Zones

正能量
实践版

中的偶像可以影响到你的情绪好坏，你就没有理由承担任何责任。这样，你的自我价值实际上是他人的价值，因而也是短暂而不稳定的。为什么？因为你的自身价值完全取决于那些偶像以及他们对你的影响。

承担起自己生命的责任

要克服这方面的错误观念，就应该敢于冒风险，采取行动！在别人的规矩不适用于你的时候，下决心做出改变。下面是一些有助于你克服"必须性"习惯的方法。

——首先认真审视自己的行为，好好想一想上述各种负面性的"好处"。然后，问问自己为什么要背这么多的"应该"包袱。仔细想一想，自己是真的相信这些"应该"标准，还是仅仅习惯于这种行为方式。

——列出你所遵守但实际上又不适用的规则和标准。你可能不赞成这些荒谬的规则，似乎又无法改变自己。在这种情况下，你应该制订出最为适用于自己的"行为准则"。现在就将这些"准则"写出来，即使你认为目前自己不可能达到要求，也先着手规划。

——与亲戚朋友们共同讨论一下你所反感而大家都在遵守的那些行为准则。你们或许可以提出一些大家都更为赞赏的新规矩。你会发现，老规矩之所以一直沿袭下来，是因为任何人都没有认真分析过其是否合理。

——写一份内在控制与外界控制对照日记，记下你有多少次将自己的情绪归咎于外界、归咎于他人。看看你是否能在某些事情上鼓起勇气，逐步实现"内在控制"。详细记载自己在这一转变过程中的进步。

——想想你要求别人遵守的规矩，问问他们这种指教是否确有必要，如果你不提出要求，他们的做法是否会有所不同。你或许会发现，他们有着更为切实、更为灵活的指导方针。

——下决心冒点儿风险，改变你所不欣赏的一些规矩。然而，要做好思想准备，不要因自己的行动后果而产生消极情绪。例如，你一向认为女孩子不应主动提出与男生约会，而到了周末你又觉得闲着没事，你可以给一个男性朋友打个电话，看看结果如何。再者，如果你刚买了一件衣服，回到家发现有毛病，那么即便商店有"商品售出，概不退换"的规定，也可以拿着衣服回去商量一下解决办法，必要时甚至可以去找店长投诉。不要总是遵守别人制订的规矩，否则最后倒霉的很可能是你自己。

——不应将各种决定分为对、错两类，应当看到不同的决定会带来不同的结果。在做决定时，要摆脱对与错的概念，因为做出哪种选择只是最后的结果不同而已。要确信你自己有能力做出决定，而不要总是从外界求得保证。应该努力使自己精神愉快，而不是只满足于符合外界的标准。

——努力活在当下，根据眼前的具体情况挑选适用的规则和标准。不要将任何规矩都视为理所应当，不懂得去变通。

——不要邀请别人同你一起违反规定。你之所以违反那些没有意义的规定，是因为你愿意这样做，而不是为了赢得别人的赞许，更不是为了哗众取宠，让别人对你另眼相看。

——不要在生活中勉强扮演某种角色。按照自己的意愿行事，不因为自己是男人、女人、中年人……就去做按常规应该做的事情。

——平时谈话，少评论其他人。争取在一段时间内不以抱怨或挑剔的方式议论其他人、事或观点，并逐步延长这一时间。

——不要再期待别人做出改变。别人为什么仅仅因为你有看法就要做出改变呢？应该承认每个人都有权做出自己的选择，即便是你所不满意的选择。

——列出使你感到头痛的问题，详细指明你在哪些方面不喜欢自己。例如，可以这样编制清单：

使我头疼的是：	责任在于：
我太胖 ………………	新陈代谢、妈妈、汉堡包
我视力很差 ……………	父母、祖父母、上帝、遗传、家庭作业
我数学极糟 ……………	小学老师、姐姐、缺乏数学基因、妈妈
我没有男朋友 …………	运气、父母、我不会化妆、男人都很市侩
我个子太高 ……………	遗传、妈妈
我很不愉快 ……………	经济局势、离婚、孩子厌恶我、疾病缠身、工作不顺心
我乳房太小 ……………	妈妈、遗传、运气、幼时营养不良
我为世界局势忧虑 ……	总统、执政党、整个人类
我的邻居总是多事 ……	居民区不好、"他们素质太差"
我网球赛输了 …………	风、太阳、球网太高、干扰、抽筋、胳膊疼、腿疼
我情绪不好 ……………	生病、食物糟糕、失恋、工作不顺、经济惨淡

你将自己的各种问题都归咎于具体的人和事，正是这些人和事使你情绪不佳。现在，请你把这些可恶的原因加在一起，看看你自己是否有任何变化。你不感到奇怪吗？你依然还是精神不愉快！不管是否将问题归咎于别人，只要你不积极解决自己的问题，一切都将照旧。通过上面这种练习，你会认识到：抱怨是毫无意义的，它只会损耗你身上的正能量，让你丧失动力，做出错误的决策和行为。

——当你意识到自己在抱怨别人时，大声提醒自己：要努力改变这个习惯。明确提出这一目标，这会使你更容易地察觉自己的抱怨情绪。

——要认识到：如果你不愉快，这绝不是别人造成的，而是你以及你的行为造成的。应该注意的是，如果你认为是外界因素使你不愉快，那就是说你控制不了自己，也控制不了外界因素；相反，倒是外界因素控制着你。

——当别人抱怨时，你可以有礼貌地问问他："要不要我告诉你，我是否想听你的这些话？"这样，你就可以使别人知道不应总是在你面前抱怨，并且通过明确指出别人的抱怨行为、挑剔行为，从而使你对自己的类似行为有一个更为清楚的认识。你可以心平气和地向正在抱怨的人指出："你说他使你生气，你真的这样认为吗？"或者"你总是说只要行情好转，你的情绪就会好起来。你倒真愿意让股票涨跌主宰自己的生活！"认识别人的抱怨行为，将有助于你逐步克服自己的此类行为。

——回顾一下本章前面列出的各种"必须性"行为。努力改变这些习惯行为，采取一些新的不同做法，例如到半夜吃一顿正餐，改变性生活的姿势，或者喜欢什么衣服就买一件穿穿。从现在起，开始相信自己，逐步减少直到最终消除对外界"应该"标准的依赖。

——要记住：问题并不在于其他人的所作所为，而在于你自己的反应。不要说"他们不应该那样做",最好说"他们这样做了,但我并不会因此烦恼"。

1838 年,爱默生在《论文集》中写道:

人们总是一遍又一遍地重复着一些陈词滥调,然而,一旦他们冲破传统的束缚,开始积极思考,便会创作出大量的诗歌和故事,显示出极大的智慧、希望、美德和学识。

这确是一种妙不可言的观点。坚持因循守旧,你可以永远保持现状;摈弃旧的传统,你便可以充分发挥自己的创造性,在生活中大有作为。

是的,你应该学会独立地做出决定。不要总是从传统习惯和规定中寻求答案,应该根据自己的意愿去勇敢地生活。是人就会犯错误,我们活着就是为了享受犯错的乐趣,无论是苦是甜,都必须经历后才能成长。别让负面的能量压制你的生活,挣脱人生模式的牢笼,你才能找到自己的路。

第8章
你的人生，不必强求"公正"

倘若人们强求世上任何事物都得公平合理，那么所有生物连一天都无法生存——鸟儿就不能吃虫子，虫子就不能吃树叶，世界就得照顾到万物各自的利益。

我们都习惯于在生活中寻求公道和正义，一旦感到失去了公正就会愤怒、忧虑或者失望。然而，寻求公道同寻求长生不老一样不会有任何结果。我们周围的世界本身就不是一个公平的世界。鸟吃虫子，对于虫子来说是不公正的；蜘蛛吃苍蝇，对于苍蝇来说也是不公正的。美洲狮吃小狼，小狼吃獾，獾吃老鼠，老鼠吃蟑螂，蟑螂……只要环顾一下大自然，就不难看出世界上没有任何公道可言。龙卷风、洪水、海啸和干旱都是不公道的。实际上，这种公正的概念不过是海市蜃楼罢了。整个世界以及世界上的每个人都处在不公正之中。你可以高兴，或者不高兴，然而这与你周围的不公正现象依然毫无关联。

我们提出的并不是什么犬儒哲学，而是对客观世界的真实描述。公正是一个脱离现实的概念，在人们对幸福的追求中，尤其如此。然而，许多人认为正义感在人际关系中是必不可少的。他们常常会说："这是不公平的""如果我不能这样做，你也没有权利这样做"或者"我会这样对待你吗"，等等。人们渴望公正，在没有公道时就会不愉快。寻求公正并没有错，但是如果一味追求正义和公道，未能如愿便消极处世，这就会被负面的能量所控。这种自我挫败行为并不是指寻求公正行为本身，而是指由于不公正的现实存在而产生的惰性。

我们的社会提倡伸张正义、主持公道。政治家们在每一篇竞选讲话中都说："让每一个人都得到平等公正的待遇。"然而，日复一日、年复一年、一个世纪又一个世纪，不公正的各种社会弊病一代代地延续着。事实上，自人类有史以来，这些现象从未消失过。

不公正现象的存在是必然的，然而你可努力不使自己因此而陷入惰性，并可以用自己的智慧进行积极斗争。首先争取从精神上不为这种现象所压垮，然后努力在现实中消除这些现象。

在任何国家中，法律制度是伸张正义的。人民需要正义，有些人甚至为正义而奋斗。但是，正义往往难以伸张。例如，在美国，有钱的人一般不会被定重罪；法官与警察往往会被有权有势的人收买；监狱里关押的都是穷人，他们在法律制度面前没有任何自卫的手段。阿格纽靠逃避所得税发家，尼克松获得赦免，他手下的几个心腹仅仅在一所管理不严的监狱中服了几个月的徒刑。相反，那些穷人却拥挤在牢房里等待着审判，听任命运的摆布。只要走访一下美国的地方法庭和警察局，你就不难发现：尽管官方一再否认，实际上，对于有权有势的人，法律总是另有一套不同的规则。正义和公道又在哪里呢？你如果决定同这种现象进行斗争，那的确是值得钦佩的。但是，如果你因为不公正而感到烦恼，那你便同产生悔恨、寻求赞许以及其他自我折磨情绪一样，陷入了一个负能量的陷阱。

不要说"这太不公平"

渴望公正的心理可能会体现在你与他人的关系中，妨碍你与他人的积极交往。"这太不公平！"——这是一种比较常见但又十分消极的抱怨。当你感到某件事不太公平时，必然会把自己同另一个人或另一群人进行比较。你可能会想："既然他们能做，我也能做。""你比我得到的多，这就不公平。""我没有那样做，你为什么可以那样做？"不难看出，你是根据别人的行为确定自己的得失。支配你情感的，是别人，而不是你自己。如果你未能做别人所做的事情，并因此而烦恼，你就在让别人摆布你。每当你把自己同别人进行比较时，你就是在玩"不公平"的游戏，这样你采取的就是着眼于他人的外界控制型思维方法。

一位前来咨询的人曾经清楚地表明了这种自我挫败的思维方法。朱迪是一位颇有魅力的女士。她抱怨说，结婚五年了，可她的家庭生活一直不太和谐。在一次小组咨询过程中，她扮演了一个卷入家庭纠纷的妻子。当扮演丈夫的年轻人说了几句让她不高兴的话之后，朱迪反驳说："你凭什么这样说？我可从来没说过这种话。"当他谈到他们的两个孩子时，朱迪就说："这不公平，我吵架时从来不把孩子当借口。"当他们提到业余时间的娱乐消遣时，朱迪说的还是："你倒是玩得痛快，留我在家里带孩子，这太不公平了。"

朱迪实际上是把家庭琐事列出清单，夫妻两人各占一栏，必须完全公平。我这样做，你也得这样做。难怪她常常愤愤不平，总是考虑着要纠正她认为不公平的现象，而不是考虑如何使家庭生活更加美满起来。

抱持寻求公正的执念，无异于走进了一条死胡同。她是在根据自己的行为衡量丈夫的做法，又根据丈夫的做法确定自己幸福与否。只要她不再无休止地进行这种比较，独立地积极投身于她所向往的生活，她便可以有效地改善家庭关系。

要求公正是一种注重外界环境的表现，也是一种避而不掌管自己生活的办法。你可以确定自己的切实目标，着手为实现这一目标采取具体步骤，不必顾忌不公平的现象，也无须考虑其他人的行为和思想。事实上，人与人之间总是有所不同。别人的境遇如果比你好，那你无论怎样抱怨都不会改变自己的境遇。你应该避免总是提及别人，不要总是拿望远镜瞄着别人。有些人工作不多，报酬却很高；有些人能力不如你强，却因受宠而得到晋升；不管你怎样不愿意，你的妻子和孩子依然会以不同于你的方式行事。然而，只要你将注意力放在自己身上，不去同别人比来比去，你就不会因周围的不平等现象而烦恼。**各种被负面能量所控的行为，都有一个共同的思想基础：将别人的行为看得更为重要。如果你总是说"他能做，我也可以做"，那你就是根据别人的标准生活，你永远不可能开创自己的生活。**

忌妒是心灵的毒药

德莱顿称忌妒心为"心灵的毒药"，实际上，我们内心很多负面的能量是由它激发出来的。如果忌妒心理妨碍你的生活，使你陷入某种惰性，就应该有意识地消除这种负面情绪。忌妒其实是这样一种心理：要求别人以某种特定方式给你以满足。**由于别人没有这样做，所以你感到"不公平"。忌妒的根源在于缺乏自信心，因为这本身是一种着眼于他人的心理活动。忌妒心理表明，你由于别人的行为造成自己精神上的不快。真正自爱的人是不会去忌妒别人的，也不会因为别人办事不公正就愤愤不平。**

你永远不可能预料到自己所爱的人会如何对待另一个人。当他们表现亲密或经常互动时，你如果认为这种决定同你有关，就必然会因为忌妒而发狂——这是你的选择。如果你的伴侣对其他人好，那么他并没做任何"不公正"的事，而仅仅是在顺其自然地生活。如果你认为他这样做不公平，很可能要追究其原因。在这方面，我的一位顾客是个很好的例子。海伦发现丈夫有了密友，她十分气愤。她非常想知道其中的原因，因而她总是在想："我哪里不好？""我有什么过错？""我配不上他吗？"——总之，是那些怀疑自己的问题。海伦对丈夫的行为耿耿于怀，认为这太不公平了。她甚至想自己也去与别人交好，以此保持一种相互对等的关系。她经常哭哭啼啼，时而愤怒，时而悲伤。

海伦的这些想法使她很痛苦，她的错误在于：她总要求得到公平的待遇，而正是这种心理使她在家庭关系中很受压抑。她因丈夫的行为而烦恼，同时又想用丈夫的行为当借口，去和别人交好——这或许是她一直想做但又不敢做（因为"不公正"）的事情。海伦坚持要求得到完全公正的待遇，这意味着倘若是她先有了密友，她的丈夫肯定会进行报复的。其实，丈夫决定与别的人来往密切，有他自己的各种原因，与海伦本人没有丝毫的关系。她应当认识到这一点，否则她的情绪就不可能好转。她以忌妒折磨自己（这就等于将丈夫或他人摆在高于自己的位置）没有任何意义，她可以与丈夫开诚布公地谈一谈，而不必为了报复走上歧路。

心胸狭隘者的弊病

在生活的各个方面，我们都可以明显地看到"渴求平等"的行为。你只要稍加观察，就会在自己和别人身上发现许多这种行为的缩影。下面是一些较为常见的例子：

——抱怨别人的工作和你一样，但工资拿得比你多。

——认为那些明星收入之高实在不公平，并因此感到恼火。

——认为别人做了违法乱纪的事总是逍遥法外，而你一次也溜不掉，因此感到十分不平。无论司机超速行驶还是排队时有人插队，都感觉"凭什么我不可以"。

——总是说："我会这样对待你吗？"其实就是希望别人都同你一模一样。

——总要完全对等地报答别人的友善行为。你要是请我吃饭，我也回请你，或者至少送你一瓶酒。人们常常认为这样做才是懂礼貌、有教养。然而，连回报都期望完全对等，就会陷入一种工于算计的死循环。

——即使自己不愿意，也会出于义务去做爱，因为没有一点儿"合作"精神太不近情理。这样，你就不是根据自己在具体情况下的意愿，而是根据公平对等的原则而生活。

——对任何事情都要求前后一致，始终如一。爱默生曾说过这样一句话：

一味愚蠢地要求始终如一，是心胸狭隘者的弊病之一。

倘若你坚持始终如一地以"正确"方式做事，就很可能属于心胸狭隘的一类人。

——在争论时，非要辩出个明确的结论：胜利的一方就是正确的，失败的一方则应承认错误。

——以"不公平"的论据来达到自己的目的。"你昨晚出去了，今晚让我待在家里就太不公平了。"要是对方不接受你的意见，就愤愤不平。

——做自己本不愿意做的事情（如带孩子上街玩，周末去父母那儿做客或给邻居帮忙），因为你担心不这样做会对孩子、父母或邻居太不公平了。其实，不要将一切问题都归咎于不公平的现象。应该客观地考虑一下，你为什么不能根据自己的情况做出适当的决定。

——每每收到礼品，都要回赠对方一件价值相当的东西，甚至加倍报答。坚持在各方面与别人保持对等，而不考虑自己的具体情况。

——提出"如果他能这样做，我也可以这样做"的论点，用别人的行为为自己辩解。你可能用这种负面理由解释自己的作弊、偷窃、轻佻、欺诈、迟到等不符合你的价值观念的行为。例如，在公路上开车时，一辆车把你挤到了路边，你也要去挤他一下；一个开慢车的人在前面挡了你的路，你也要赶上去挡他一下；迎面来车开着大灯晃了你的眼，你也要打开自己的大灯。实际上，你是因为别人违反了你的公正观念，而在拿自己的性命赌气。这就是在孩子们中间经常出现的"他打了我，所以我要打他"的做法，而孩子们则是在多次见到父母的类似行为之后才学会这样做的。如果这种"以眼还眼、以牙还牙"的报复做法扩大到国家关系上，就会导致战争。

上面就是我们在"公正之路"上可以见到的一些具体现象。在这里，你同你身边的人多少都会受到一些震动，因为你们头脑中有一种完全不现实的概念：一切都必须是公平合理的。

　"寻求公正"的"好处"

这种行为的"好处"往往是自我挫败性的，因为这些行为脱离现实，将你引向一种乌托邦的幻境，使你陷身于负面能量当中。人们之所以对"寻求公正"心理和行为恋恋不舍，其常见原因包括：

——你可以为自己的正直而沾沾自喜，自以为高人一等。只要你坚决奉行不切实际的公正标准，并且努力维持均衡平等，就可以继续自视清高，无须投身于真正的生活，并且可以自鸣得意地生活。

——你可以将一切问题归咎于不公平的人和事，不必为自己负任何责任，并且为自己陷入惰性找到了理由。

——好像未能根据自己的选择来生活的原因，是由于这些不公平的人和事。这样，你可以避而不去冒任何风险，无须努力做出改变。既然是不公正现象带来了各种问题，那么只要这种现象不消失，就不可能有所改变。当然，这种现象是永远不会完全消失的。

——抱怨不公正的现象，这可以使你赢得别人的关注与同情，又可以使你自我怜悯。世界对你是不公正的，所以你对周围的人都应该愤愤不平。这是避免改变的另一种绝妙手法。别人对你的关注与同情以及你的自我怜悯，都是你所得到的"好处"，但只会使你产生依赖感，不会促使你支配自己的生活，并克服喜欢比来比去的习惯。

——只要别人应该对你的言行负责，你就可以为自己的各种不道德、不合法、不适宜的行为辩解。如果他可以这样做，我也可以这样做。这是适用于任何情况的"完美"推理。

——在抱怨不公正时，你完全有理由不采取任何行动。"如果他们什么都不做，我也不做。"这是你在太懒、太累或太怯懦的情况下都可以玩弄的小手法。

——抱怨不公正现象可以成为你的话题，这样你就可以不与别人谈论自己。抱怨世界上的各种不公正现象对其本身无济于事，却可以帮你消磨时间，或许还可使你轻松地为自己开脱。

——你可以支配其他人，尤其是你的孩子们。告诉他们，如果不能像你那样在人际关系上严格保持对等，那就是不公正的。这是将个人意志强加于人的一种好办法。

——既然一切都必须是公平的，所以你的报复行为也是合理的。这样，你就可以为自己的各种恶劣做法辩解。报复完全是合理的，因为一切事物都必须是公平对等的。对别人的恩惠应当报答，对别人的刻薄也必须回敬。

上述种种"好处"便是你寻求公正心理所赖以存在的支撑系统，不过，这一支撑系统并非不可动摇。下面就是为摈弃这种心理、消除这一负面行为可采取的一些办法。

改变，从现在开始

——将你所见到的各种不公正现象全部列出来。将这些现象作为你采取切实行动的出发点。向自己提出这样一个重要问题："这些不平等现象会因为我的愤慨而消失吗？"答案显然是否定的。努力消除导致你烦恼的负面心理，你便可以逐步跳出寻求公正心理的陷阱。

——尽量不再说"我会这样对待你吗"或其他类似的话，而应该说："你我有所不同，只不过我暂时难以接受这一点。"这样，你就可以建立而不是断绝与别人的交往。

——不要再让别人左右你的情绪。这样，在别人未按你的意愿行事时，也就不会陷入负面情绪。

——争取客观地看待每一项决定，而不要将其视为转变生活的重大事件。

——将"太不公平"之类的话改为"真令人遗憾"或者"我倒真希望……"，这样你就不致对世界产生不切实际的想法，并逐步接受你并不赞赏的现实。

——不要把自己同别人或别的事情比来比去。在制订自己的目标时，不要考虑周围的人在做什么。如果你要做一件事情，就应该全力以赴地做好它，而不必羡慕别人所具备的优越条件。

——假使你又讲出"我如果晚回家总要给你打电话，你为什么不这样做"之类的话，立即改正自己，大声地说"我觉得你要是能给我打个电话，

| 180 |

Your
Erroneous
Zones

实践版
正能量
一

就更好了"。这样，你就不会根据自己的行为要求别人给予同等待遇，同时也就不会引爆更多的负面能量。

——外出做客时，不要随身带着酒或其他礼品答谢主人。等你自己高兴时，送一瓶酒过去，再附一张便条注明："因为我觉得你是个很不错的人。"没有必要严格奉行有来必有往、一物换一物的做法。只要你愿意，就可以对人表示友好，而无须等待某一适当的时机。

——在购买礼品时，你愿意花多少钱就花多少钱，不要根据别人上次为你花费的钱数选择回赠礼品。不要再出于义务或为保持公平而接受他人的邀请。根据自己的内在标准而不是外界标准决定是否结识某个人。

——在家庭生活中，根据具体情况制订出适当的个人行为标准，并且鼓励每个家庭成员都这样做，然后看看大家能否在相互不发生冲突的情况下各得其所。如果你希望每周都有三个晚上外出活动，那你就不能因为要保持夫妻之间的"公正对等"而不出去玩。你们可以找个人临时照看一下孩子，或者带孩子一同出去，要不就商定另一种双方都满意的解决方法。但是如果不厌其烦地谈论"不公正"，必然会引起大家的不快，而最后可能谁也不能如愿以偿。应该采取切实行动，而不能总是抱怨不公正现象的存在。每当你受到不公正待遇时，你都可以在不陷入惰性的情况下找到一种解决方法。

——不要忘记：报复也是受他人控制的一种表现。不要根据他人的行为采取行动，应该按自己的判断行事。

这里提出的仅仅是一些初步建议，这些措施将有助于你避免拿自己与别人进行比较，或者以别人的境遇作为衡量自己幸福与否的标准。**问题的关键并不在于世界上存在不公正现象，而在于你对这些现象所持的态度如何。**

第*9*章
如何克服拖延症

世界上那些最容易的事情中，拖延时间是最不费力的。

你经常拖延时间吗？如果你同大多数人一样，那么就会说："是的。"不过，你很可能希望在生活中消除因拖延而产生的忧虑。你推迟的许多事情可能都曾希望尽早完成，由于某种原因才一拖再拖。拖延是生活中最常见的一种现象。有时你甚至每天都要对自己说："我的确应该做这件事了，不过还是等等再说吧。"你很难将"拖延症"这一负面行为归咎于外界阻力，因为拖延时间的是你，由此而受害的也是你。

　　虽然从长远的观点看，拖延症是一种不健康的行为，然而很少有人能够说他自己从不拖延时间。这种行为本身并不含有任何不健康的因素（实际上，并不存在拖延时间的问题。一件事情如果做了就是做了，没做就是没做，因而不存在拖延或不拖延之说）。只是由此产生的情感或惰性构成一种不健康的行为，继而会激发出源源不绝的负能量。倘若你喜欢拖延时间，不因此悔恨、忧虑或烦恼，那你完全可以继续下去。实际上，对于大多数人来说，拖延时间不过是避免投身于现实生活的一种手段而已。

■实践版 "希望" "但愿" "或许"

这三个小词构成了拖延症的心理支撑系统。

· "我希望问题会得到解决。"
· "但愿情况会稍好一些。"
· "或许问题不太大。"

有拖延症的人就喜欢讲这些话。这些"希望""但愿""或许"可以成为你目前不愿做某事的理由。而"但愿"和"希望"无异于童话中的梦想，完全是浪费时间。无论怎样"希望"或"但愿"都无济于事，你只不过是为自己提供不践行生活中重要活动的借口而已。

只要有决心，你就可以实现自己的任何意愿。你并不脆弱，而且是非常坚强、非常有能力的。然而，如果你将事情推迟到未来，你就是在逃避现实，怀疑自己，甚至欺骗自己。拖延时间的心理会使你在现时中更加懦弱和不断幻想，总希望情况会有所好转。

■实践版 惰性的生活方式

你可能会说："我要等等看，情况会好转的。"这种话表明，你在当下生活中陷入了惰性。对于有些人，这已经成为一种生活方式。他们总是明日复明日，因而也就总是碌碌无为。

马克是我最近接待的一位顾客，他对我抱怨说，他的家庭生活很不美满。马克已经50多岁，结婚也快30年了。在交谈中，他表示早已对自己的婚姻生活感到不满。他说："我们的婚姻一直就不理想，从一开始就是如此。"我问他怎么不早离婚，而拖延了这么长时间，他坦率地回答说："我总是希望情况会逐步好起来。"他已经希望了近30年，而他们的夫妻生活依然很糟糕。

于是，我们进一步谈到他的生活和婚姻状态，他承认自己在十多年前就有性功能障碍。我问他是否找医生看过，回答是"没有"。他开始回避性生活，同时希望这一病症会自然消失。用马克自己的话说，就是："我当初认为，自己的身体肯定会好起来。"

马克在婚姻生活中表现出典型的惰性。他对问题采取回避态度，并为之辩解说："如果我暂时不采取行动，问题可能会自行消失的。"但是，马克发现问题从不会自然消失，它们总是保持原状。即使事物有时会变化，一般也不会向好的方向发展。如果没有外界因素的推动，事物本身（环境、情况、事件以及人）是不会有所好转的。要使生活有所好转，必须做出积极的努力。

我们可以进一步审视拖延症的行为，看看可以采用哪些方法消除这一负面行为。要知道，这一行为的各种问题完全是你自己造成的，丝毫没有任何外力的阻碍。

实践版 拖延症的"作用"

曾有一位新闻记者将拖延时间称作为"追赶昨天的艺术",我想在后面再加上半句——"和逃避今天的法宝"。这就是拖延时间的作用。有些事情的确是你想做的,绝非别人要你做,然而,尽管你想做,却总是一拖再拖。你不去做现在可以做的事情,却下决心要在将来某个时候去做。这样,你便可以避免马上采取行动,同时安慰自己说,你并没有真正放弃决心要做的事情。这种巧妙的思维过程大致如下:"我知道自己必须做这件事,可我真担心自己做不好或者不愿做。所以准备以后再做,这样我也不必说今后不做此事,因而可以心安理得。"每当你必须完成一项艰苦工作时,你都可以求助于这种站不住脚但很实用的逻辑。

如果你一方面坚持自己的生活方式,另一方面又说你将做出改变,你的这种声明就没有任何意义。你不过是个缺乏毅力的人,最后将一事无成。

拖延症有程度轻重之分。你可以将事情拖延到一定时候,然后赶在最后期限之前完成。这是一种常见的自欺欺人的行为。既然你是在最短的时间里干完工作的,那么即使工作结果极糟,或者未能达到最佳水平,你也可以安慰自己说:"这是因为时间不够。"其实,你的时间是很充裕的。你知道,别人比你忙、时间比你紧,可照样能办成事。你如果总是抱怨太忙(拖延时间的一种方式),那你就无暇做任何工作。

我曾经有这样一位同事,可称得上是拖延时间的能手。他总是在讲自己制订了多少多少计划,要做多少多少工作。任何听他讲话的人只要想象

| 186 |

Your
Erroneous
Zones
实践版
正能量

一下他所描述的紧张生活节奏，都会惊得目瞪口呆。然而，稍微再了解一下就不难发现，我这位同事并没有做多少实际工作。他总是思索着各种各样的计划，但从未着手做任何一件具体的事情。我猜想，他每天晚上入睡前都会自我安慰一番，暗自保证第二天一定要完成一项工作。不然的话，他又怎能安然入睡呢？他或许知道，自己第二天什么也不会做，不过只要能起誓去做些事情，他便可以保持眼前的心情平静。

语言未必能表明你是个什么样的人。相比之下，行为更能切实地反映出你的本质。只有你现时的行为，才能表明你是个什么样的人。爱默生曾经写道：

不要做任何表白。你的行为雄辩地说明了一切，其声震耳欲聋，使得我听不清你的任何辩解。

今后，当你声称要做一件事而又知道自己不会去做这件事的时候，不妨想想上面这段话。这正是医治拖延症的特效药。

评论家与实干家

拖延症是避免采取实际行动的一种手段。一个不动手的人常常很善于动口——当别人埋头苦干时，他总是袖手旁观并提出诸多评论。评头论足是很容易的，而要实干就必须做出努力、承担风险甚至进行变革。

在我们的社会中，有着许许多多的评论家，我们甚至出钱请他们评论。

观察一下你自己以及周围的人，你会注意到各种评论在我们的社会交往中占有很大比例。为什么呢？很明显，评论别人的行动总比自己采取行动来得容易。看看那些真正的冠军，那些取得过最佳成绩的人，如拳王、棋手和电影明星，等等。他们都是实干家，是佼佼者。这些人会站在一旁苛刻地评论别人吗？世界上真正的实干家是没有时间议论别人的。他们总是忙于自己的实际工作。他们会帮助那些天赋较差的人，但不会对别人评头论足。

我们不能否认建设性评论的积极意义，然而如果不去实干仅仅旁观，你就不会有任何成长和提高。此外，即使评论，也很可能夸大别人的缺陷和不足，以掩饰自己的无所作为。实际上，你可以学着不去理会那些"业余"评论家的吹毛求疵。首先，你应该认识到自己的类似行为，继而努力克服这种倾向，使自己成为一个实干家，而不是光说不干的评论家。

厌倦：拖延症的产物

生活永远不会是无聊的，不过有些人自己总要觉得无聊、厌倦。如果你厌倦生活，正说明你未能积极有效地利用自己当下的时光。**厌倦是你自己选择的一种情绪，你应该从生活中清除这一自我挫败情绪。拖延症意味着虚度光阴、无所事事，无所事事会使人感到厌倦无聊。**实际上，你完全可以干些事情。人们常常抱怨客观环境令人厌倦。例如："这个城市实在太单调、太死板了"或者"这个人讲话太空洞乏味"。一座城市或者一个人的发言不会是无聊的，无聊厌倦是你感到的一种情绪。只要积极利用自己的大脑，发挥自己的能力，你就可以摆脱这种情绪。

勃特勒曾经说过："愿使自己感到厌倦的人比令人厌倦的人更为令人厌倦。"如果利用当下做些自己愿做的事情，或者充分发挥自己大脑的思维能力，你就永远不会厌倦生活。这依然要由你做出选择。

典型的拖延症表现

在以下几个方面，拖延时间要比采取行动来得容易一些。

——目前的工作没有任何发展与提高的机会，而又不愿调换工作。

——夫妻感情已完全破裂，却依然要保持婚姻关系。勉强维持婚姻生活，同时幻想着情况会有好转。

——不愿花气力解决与别人交往时遇到的各种问题，如害羞和恐惧心理。不积极采取纠正措施，只是消极等待事物的自然转变。

——不戒除自己的不良嗜好，如酗酒、吸毒或抽烟，总是说"我要愿意的话，就会戒掉的"；然而你很清楚，迟迟不采取行动的原因在于你不相信自己能戒掉这些嗜好。

——有心做些苦活儿、累活儿，如清扫房间、修理门窗、缝缝补补、修剪草坪、粉刷墙壁，等等，但迟迟不动手，好像你要是耐心拖下去，这些活儿或许就不用做了似的。

——当上司、朋友、恋人、推销员或售货员有错误或误解时，不愿去澄清事实。拖一拖，你便可以避而不说，尽管当面把问题讲清楚可能会改善相互间的关系，或者提高服务质量。

——一辈子住在同一个地方，不愿搬迁到其他地方去换换环境。

——有心花一天或一个小时高高兴兴地和孩子们一起玩玩，却因为工作太多或有要事缠身而一拖再拖。同样，不能在晚上抽时间与家人出去吃顿饭、看场戏或观看体育比赛，总以"太忙"为理由拖延。

——决定从明天或下星期开始节食。然而，推迟总比开始要容易一些，所以你会说："我明天就开始做。"这个明天自然是遥遥无期的。

——以感到疲乏或要休息为借口拖延。你是否注意到，每当你即将着手进行一项艰苦的工作时，你就会觉得十分疲乏。随时可能出现的疲劳感是一种绝妙的拖延手段。

——当你面临着一项令人头疼的任务时，就会生病。如果身体不好，怎么能完成任务呢？同疲劳一样，这也是一种很好的拖延办法。

——采取"我没有时间"的策略，这样你就可以名正言顺地不去做某件事。实际上，你若真心想做一件事，就总会挤出时间来的。

——总是在盼望度假或旅行。或许我们明年就可以体验那种美妙的生活了。

——充当评论员，并且通过评论别人来掩饰自己的无所作为。

——自己觉得身体不舒服，可又不愿去医院检查。通过这种拖延，你可以回避可能出现的疾病。

——不敢接近自己喜欢的人。你愿意同她来往，但又想等一等，希望这种关系能够自然发展。

——厌倦生活。这只是一种拖延的方式，你以令人厌烦的事情为借口，避免进行更为积极的活动。

——总是在制订锻炼身体的计划，却从不付诸行动。"我马上就开始跑步……从下星期起。"

——将全部精力都放在孩子身上，一再推迟自己喜爱的活动。当你为孩子上学担忧时，又怎么能安心去度假呢？

拖延症的"好处"

人们之所以拖延时间，有三分之一的原因是自我欺骗，另外三分之二的原因是逃避现实。坚持这种行为主要有以下"好处"：

——通过拖延时间，你显然可以不做自己感到头疼的事情。有些事情你害怕去做，有些事情你想做又无从下手。不要忘记，没有任何事情是黑白分明的。

——维持这种自我欺骗心理可能会使你心安理得，因为你无须承认自己不是实干家。

——只要能一再拖延时间，你就可以永远维持现状，无须力求进取，也不必承担任何随之而来的风险。

——你如果厌倦生活，就可以抱怨说是其他的人或事使你情绪消沉。这样，你可以摆脱任何责任，并且将一切归咎于令人厌倦的那些事情。

——通过对别人评头论足，你可以自以为高人一等。你可以通过贬低别人的行动来抬高自己的形象。这也是一种自我欺骗行为。

——期待事情出现转机，同时认为客观环境造成了你的精神不愉快，各种事情似乎都在与你作对。这样，即使无所事事也是理所当然的。

——不做任何没有把握的事情，就可以避免失败，从而也无须证实你对自己所持的怀疑。

——盼望出现美妙的奇迹，如中了大奖，从此可以不用再上班。

——由于不能从事自己所喜爱的活动，你既可以赢得别人的同情，也可以怜悯自己。

——若一再拖延时间，最后又在极短的时间内赶完工作，那么即使工作做得很差，甚至很不像样，你也可以辩解说："我时间不够。"

——在你拖延某件事时，别人或许会帮你做这件事。这样，拖延又成了你摆布别人的一种手段。

——通过拖延时间，你就能找到更多不去行动的借口。

——避免做工作，你就不会取得成功。这样，你不会因业绩太好而备感压力，害怕以后还得做出更好的成绩才能交差。

在对自己拖延时间的原因有了一定的认识之后，你可以开始采取一些具体措施来清除这一自我挫败性行为。

改变拖延症的办法

——从眼前的五分钟做起。不应总是考虑各种长期计划，应争取充分利用眼前的五分钟，不要一再推迟可以给你带来愉快的那些活动。

——每天早上先完成一件你认为最困难的事。在采取实际行动之后，你会发现拖延时间毫无必要，因为你很可能会喜欢自己一再拖延的这项工作。在实际工作中，你会逐步打消自己的各种顾虑，也因为最棘手的事情

已经解决，剩下的工作你会轻松愉悦地完成。

——不要轻易变动已经制订的计划。计划永远不可能完美，不断地调整内容将使你的行动无限期后延，问一问自己："倘若我做了自己一直拖延至今的事情，最糟糕的结果会是什么呢？"结果往往是微不足道的，因而你完全可以积极地去做这件事。认真分析一下自己的畏惧心理，你会懂得维持这种心理毫无道理。

——给自己安排出固定时间（例如：星期三晚上 10 点至 10 点 15 分）专门做曾被拖延的事情。你会发现，只要在这 15 分钟内专心致志地工作，你往往可以做完许多拖延下来的事情。

——要珍爱自己，不要为将要做的事情忧心忡忡。不要因拖延时间而忧虑，要知道，珍爱自己的人是不会在精神上这样折磨自己的。

——设置好时间节点。给最重要的任务，订出完成的具体时间。在执行的过程中，注意追踪任务的完成情况。在这个过程中，不要被其他琐事干扰（比如不停地查收邮件、上社交网站、对着电视机等）。

——认真审视你的当下，找出你目前回避的各种事情，并且从现在起逐步消除自己的畏惧心理。拖延时间意味着在当下为将来的事情而忧虑。如果你把将来的事情转变为当下，这种忧虑心理必然会消失。戒烟！从现在开始！节食！从现在开始！戒酒！从现在开始！你现在就可以放下这本书，马上做一个俯卧撑，以此开始自己的锻炼计划。你解决问题的方法就是从现在开始！立即采取行动！妨碍你采取行动的完全是你自己，因为你以前不相信自己的力量，做出了一些错误选择。你看，这多么简单——只要去做就行了！

——以后当你觉得无聊的时候，积极利用自己的大脑。比如，在单调无聊的会议上主动提出一些问题扭转沉闷气氛，或者利用大脑做些有趣的事情，比如做一个填字游戏，要不就努力死记一大串数字，以增强自己的记忆力。下决心不再产生厌倦情绪。

——当别人对你评头论足时，问问他："你以为我现在需要听这些吗？"而当你意识到自己在议论别人时，问问你身边的人，他是否愿意听你的评论，如果他愿意听，可以再问问他为什么。这样做，会有助于你从一个评论家转变为实干家。

——认真审视一下自己的生活。假设你还有六个月的时间可活，你还会做自己目前所做的事情吗？如果不会的话，你现在就去做你最紧迫、最需要做的事情。为什么？因为相对而言，你的时间是很有限的。你的全部生命只不过是短暂的一瞬间，因而在任何方面拖延时间毫无道理。

——鼓起勇气去干一两件你一向回避的事情：一个勇敢的行动可以消除各种恐惧心理。不要再强迫自己"干好"，因为"干"本身才是关键所在。不要被完美心态所束缚，力求完美只不过是对于当前任务的恐惧。

——晚上睡觉之前，努力排除一切疲劳的感觉。不要以疲劳或疾病为借口拖延任何事情。你会发现，当疲劳或疾病失去其意义时，也就是说，当它们不能成为你推迟工作的理由时，导致拖延的因素会奇迹般地消失。

——不要再使用"希望""但愿""或许"等词，因为这些词会加重你的拖延症。每当你发觉自己的话里又出现这几个词时，就应该改变自己的话。例如：

应该将"我希望事情会得到解决"改为"我要努力解决这件事"；
将"但愿我心情会好一些"改为"我要做些事情，保持心情愉快"；

将"或许问题不大"改为"我要保证没有问题"。

——每天都记录下你所发出的抱怨和议论。做这种记录可以达到两个目的：一方面，你可以意识到自己在生活中的评论行为，即你是怎样评论的，评论了多少次，评论的是什么人、什么事，另一方面，做这种记录是件令人头疼的事，这也会促使你平时不要再乱做评论和抱怨。

——如果你所拖延的事情涉及其他人（例如搬迁、性生活或调换工作），你应该与这些人商量一下，听听他们的意见。要敢于摆出自己的各种顾虑，这样将有助于你认识到自己的拖延是否完全是出于主观原因。在知心朋友的帮助下，你们可以共同分析问题、解决问题。不久，你就会完全驱散因拖延症而产生的忧虑。

——与家庭成员制订一项协议，明确提出你想做而一直拖延的事情：一同打场球、出去吃顿饭、看场戏、度假旅游……让大家各执一份，并且规定违约时将受到的惩罚。你会发现这种办法很灵验，而且你本人也可以从中受益，因为你往往也会从这些活动中得到乐趣。

你要是希望改变客观世界，就不要怨天尤人，而要做些实际工作。当你积极行动时，你就会发现，克服拖延症的正能量是可以被制造的，不要总是因拖延时间而忧心忡忡，并为此而陷入惰性，应该努力消除这一令人讨厌的行为！做实干家，而不是希望家、幻想家或评论家。

第10章
你可以告别心理依赖

在人际关系中，如果两个人失去各自的独立性融为一个人，那么，这种关系的结局便是两个不完整的人。

Your
Erroneous
Zones
正能量
实践版

在生活中，心理独立是很难的。依赖这种不良心理会以各种方式侵入你的生活之中，而且由于许多人从别人的依赖心理中可以得到好处，根除这一弊病就变得十分困难了。**什么是心理独立？就是完全不受任何强制性关系的束缚，完全没有他人控制的行为。这就意味着，如果不存在强制性关系，你便不必强迫自己去做本不愿意做的事。心理独立之所以很难，还因为社会环境教育我们不要辜负某些人——父母、子女、上级以及爱人的期望。**

要实现心理独立，就要摆脱心理上的依赖感，这意味着要根据自己的愿望独立生活，当然不是说断绝社会交往。如果你喜欢自己目前与人交往的方式，它又不妨碍你的生活，那尽可以保持这种交往。心理依赖指的是这样一种情况：你处于自己无法选择的关系之中，被迫做违心的事，虽然你讨厌被迫行事的方式。如果你想建立某种友谊、某种关系，这并不是不健康的。但你如果需要并依赖这种关系或被迫建立这种关系，并因此而产生怨恨，那么你便被自我挫败的负能量所包裹。因此，问题不是某种关系本身，而是附带的"义务"。义务会使人产生内疚感和依赖感，而选择则会使人得到友爱及独立性。在人与人的关系中，只要存在心理上的依赖性，就必然不会有选择，也就必然会产生怨恨和痛苦。

要实现心理独立，首先就得摆脱依赖他人的需要。请注意，这里讲的是"依赖的需要"，而不是"与人的交往"。一旦你觉得需要别人，你便成为一个脆弱的人，一种心理依附上的"奴隶"。这就是说：如果你所需要的人离开了你、变了心、去世，那么你就必然会陷入惰性、精神崩溃甚至绝望至死。社会告诫我们，要在心理上依赖父母、老师、上级等各种各样的人，你或许总是在等待某些人来安抚你。如果你觉得必须根据某人的意愿做某事，而且事后感到怨恨、不做又感到内疚的话，那么可以肯定，你必须着手改正这一负面心理。

消除依赖心理始于家庭，始于你孩提时父母对待你的方式以及你今天如何教育自己的孩子。你现在的脑子里装有多少反映依赖心理的词句？你每天又把多少这类词句强加给你周围的人？

📓实践版 学会放手，才有成长

几年前，有人拍了一部很有意思的电影，叫做《熊的世界》。影片描述了熊妈妈是怎样在小熊崽几个月时教它们生活的。熊妈妈教熊崽崽们觅食、逮鱼和爬树，教它们遇到危险时保护自己。终于有一天，熊妈妈本能地决定该离开它的孩子了。它强迫熊崽崽们都爬到树上，然后头也不回地走了。永远地走了！这个熊妈妈认为，它已经尽到了母亲应尽的责任。它并没有规定孩子们每隔一个星期天去看望它，也没有责骂孩子们忘恩负义，更没有用心脏病发作来威胁孩子们不要离开它。它只是让孩子们自己去生活了。在动物王国里，父母的义务只是向后代传授独立生存的必要手段，然后就离开它们。就其本性而言，人同样有独立的要求。然而，有些人希望依赖自己的孩子来继续生活，这种负面的需求心理似乎占了上风。在这些人看来，把孩子抚养成人，不是为了让他们独立，而是要让孩子们依附于自己，陪伴自己生活一辈子。

你希望自己的孩子成为什么样的人？是否希望他们具有较强的自尊心、坚定的自信心、精神愉快、有所作为？你肯定希望如此。但是你将怎样使孩子们成为这样的人呢？方法只有一个——你自己首先就得这样做人。在家里，孩子们耳濡目染的是父母的所作所为。**如果你自己本身就常常内疚、怨恨、无所作为，但还要去一本正经地教孩子们不要这样，那你的说教是没有任何作用的。如果你自惭自卑，那么你的这种言行将促使孩子们产生同样的自卑心理。更重要的是，如果你把孩子看得比自己更重要，那么就不是在帮助他们，而是在教他们把别人看得比自己重要，在生活中谦让别人，自己则不求进取**。这是多么滑稽！你的孩子不能靠你的说教来建立自信，他们必须通过你的言传身教才能建立自信。只有把自己视为最重要的人，而不是总为孩子牺牲自己，你才能让孩子们获得自信和自尊。如果你总是为孩子做出牺牲，那你便是在向孩子们宣传牺牲行为。什么是牺牲行为呢？这就是认为别人高于自己、自惭形秽、寻求赞许，等等。尽管为别人做出牺牲有时是值得称颂的，但如果总是通过牺牲自己来取悦于人，那你就是在教别人采取这种往往导致怨恨的行为。

儿童们很早就想自己做事。"我可以自己来。""妈妈，你看！我可以不要别人帮忙就做好这件事了。""我可以自己吃饭，不要你喂。"这种要求独立的信息不断地在孩子们的言行中出现。尽管在儿童时期孩子们在生活上需要大人的帮助，但从懂事的第一天起，他们就本能地开始寻求独立。

小萝珊 4 岁了。每当她身上哪里碰破了或需要别人抚慰时，她便总是找妈妈或爸爸。当她 10 岁左右时，她还是经常从他们那儿得到精神安慰。尽管她也想让别人把她看成"大姑娘"（"我可以自己扣衣服扣子"），但她还是想得到父母的体贴与安慰（"妈妈，我膝盖摔破了，都流血了"）。她是根据父母和其他重要人物的看法来建立自我意识的。萝珊 14 岁了。突然有一天，她哭着跑回家，因为她和班里的男同学吵了一架。她哭着跑进自己的房间，"砰"的一声，关上了门。妈妈上楼来，还是那样好声好气地劝她，并询问发生了什么事情。可是萝珊语气坚决地告诉她："我不想说。你出去吧，让我一个人待在这儿。"这正表明，妈妈已经尽到了教育子女的责任，而小萝珊现在已经不再像过去那样总是向父母诉苦诉怨，而是试图自己去解决问题（走向心理独立）了。但是，做妈妈的并不理解这一点，因此很不安。她不愿意让萝珊自己独立解决问题；在她眼里，萝珊仍然是几年前的小女孩，什么也不懂，什么也不会。当然，假如她非要萝珊向她诉说原委，非要去帮助萝珊解决问题，萝珊肯定会非常怨恨她。

儿童们要求独立的愿望是强烈的，但如果家庭靠依附关系或父母做出牺牲来维持，那么他们便很难实现心理独立。在正常的心理环境中，心理独立既不会导致精神危机，也不会引起情绪波动；它是走向成熟的必然结果。但是如果在努力取得心理独立的过程中，出现担心失望、悔恨内疚的阴影，这种阴影就会一直笼罩着你的生活，有时甚至会使婚姻关系变成类似于儿女依靠父母的附属关系，而不是两个人相互帮助的平等关系。

那么，你做父母的目标何在？你与父母建立眼前这种关系的目的是什么呢？不错，在人生发展过程中，家庭是一个重要的环节，但它不应成为永久性环节。当家庭成员准备实现心理独立时，家庭不应当成为内疚和忧虑等不良情绪的催化剂。有的父母会说："孩子是我的，我想让他怎么样，他就得怎么样。"这种武断态度会造成什么后果呢？——孩子长大后，他会对父母产生怨恨、愤恨和悔恨。细心观察一下那些从不要求子女承担不适当义务的积极家庭关系，你会发现，处于这种家庭关系中的父母总是把子女当成朋友对待。比如说，当孩子把菜打翻在桌子上，父母不是责备他说："你做什么都不小心，笨手笨脚！"而是像对在餐桌上无意打翻饭菜的朋友一样，轻轻地说一声："没关系，我来擦擦桌子就行了。"这样的父母并没有因为自己的孩子做了错事就责骂他，而是注意尊重孩子的自尊心。**你会发现，真正负责的父母会培养孩子的独立性，而不是依赖性。当孩子表示出希望独立的正常愿望时，他们不会勃然大怒，而是循循善诱。所以，愿意放手让身边人真正独立，与能否激发家庭中亲密与爱的正能量息息相关。**

独立，是真正生活的开始

注重独立的家庭认为，独立的愿望与行动是正常的，而不是对家庭的挑战。这种家庭不鼓励依附与懦弱的心理，也不因为孩子是家庭一员而强求他永远爱家庭、忠于父母。这样的家庭，是大家都愿意欢聚一堂的家庭，而不是出于义务被迫相聚在一起的家庭。这种家庭尊重每个人的私密性，而不要求人人都坦露自己的秘密。在这种家庭里，妇女不仅是母亲和妻子，而且也有她自己的生活。她为孩子们做出真正生活的榜样，而不是依赖孩子生活或为孩子而生活。这种家庭中的父母认为，他们自己首先要幸福，因为如果做父母的不幸福，便不可能建立和谐的家庭。所以，父母有时可以自己外出游玩或会友，不必非得总和孩子们在一起。做母亲的不是奴隶，因为她不想让自己的孩子们（特别是女儿们）将来成为奴隶，而且她自己也不愿成为奴隶。她并不认为必须每时每刻守在孩子们身边，操心他们的一切。相反，她认为，如果自己首先切实生活，并在与男人平等的基础上为家庭、为社会做出贡献，那么她同自己的孩子便可以更好地相互理解。

在这种注重独立的家庭里，父母从不借助于内疚心理或威胁手段使孩子依赖父母、对父母负责。孩子们长大后，父母也不希望孩子们仅仅出于义务而去看望他们。此外，父母的生活也很充实，无暇浪费时间等候子女或孙子孙女们的探望，也不会将此作为一种生活寄托。这样的父母认为，他们不应当让孩子们免受自己曾经历的艰难困苦，因为同困难进行斗争会使人增强自信心和自尊感。因此，他们并不愿剥夺孩子们的这种宝贵经历。

在这些父母看来，孩子们在父母的启发帮助下力图独立生活的愿望是健康的，不应简单否定。黑塞笔下的德米安曾谈到通向独立的各种道路：

我们每个人迟早都要离开自己的父母，离开自己的老师；我们每个人都要经历一段孤独得令人痛苦的生活……我自己在离开父母及其"光怪陆离"的世界时就没有经过激烈的斗争。在那个世界中，我是慢慢地甚至是不知不觉地与父母疏远的。一想到这一点，我就很难过，因而每次回家看望父母总是不欢而散。

如果你坚定地努力独立于父母，那么你每次回家看望父母时，大家都会尽情欢聚。如果做父母的珍惜自尊和自我价值，那么孩子们就可以在平静、愉快的气氛中离开家庭，独立生活。

有人曾经做过绝妙的概括：

母亲的责任不是让孩子依附于她，而是使孩子独立于她。

正是如此。你或可坦然地离开家庭去独立生活，或可内疚地离开家庭，并永远对此感到不安。如果你在孩提时期就已建立起根深蒂固的依赖心理，当你结婚之后，很可能会以一种新的依赖关系取代你与父母的依赖关系。

心理依赖与婚姻危机

你可能已经不再依赖父母，你与孩子们的关系也许是健康的。你或许认为，孩子们需要独立，并积极鼓励他们独立生活。但是，在你的生活中，可能还存在另一种依赖关系。有些人刚刚脱离了对父母的依赖，可一结婚马上又建立了另一种依赖关系。如果你属于这一类人，那么你便需要消除这一负面行为。

有人在评论美国的婚姻关系时指出：

在婚姻关系中，丈夫与妻子都享有平等的独立，具有相互的依赖性并承担对等的义务。

你看，两个丑恶的词——依赖与义务，导致了美国目前的婚姻状况和较高的离婚率。事实上，现在大多数人并不喜欢结婚。尽管有些人凑合过下去了，有些人决裂了，但这种婚姻造成的心理创伤是难以愈合的。

前面已经讲过，建立在爱情之上的婚姻要求双方都允许对方根据自己的选择去生活，而从不提出任何强人所难的期望或要求。在这种关系中，两人真诚相爱，从不期望对方违心地做任何事。这是建立在独立性——而不是依赖性——之上的婚姻关系。可惜，在我们的社会中，这种婚姻关系的例子少得可怜。倘若你与自己所爱的人相结合，两个人都根据自己的意愿行事，试想那将是何等情景。然后，再来看看现实生活中的大多数人，看看依赖心理是怎样悄悄地毁坏婚姻的。

实践版 别把依赖和相爱混为一谈

支配与服从的现象存在于大多数婚姻关系之中。虽然夫妻双方充当的具体角色常常不同，但是一方支配、另一方服从的情况是普遍的，这便是婚姻结合的条件。下面我们来设想一对夫妻的婚姻关系的发展过程，从中或许可以看出大多数婚姻关系的共同之处及其心理危机的原因。

在他们结婚时，他 23 岁，她 20 岁。丈夫所受的教育要比妻子多一些，所以他找到了一个挣钱不少的体面工作。年轻的妻子则是个秘书、职员，或者是妇女们常干的其他工作，如教师或护士。这位妻子的工作是暂时的，一旦她做了母亲，便会辞去工作。现在他们已经结婚四年了，有了两个或三个小孩，于是她便在家里担负起妻子和母亲的双重职责。她的职

| 204 |

Your
Erroneous
Zones

实践版
正能量

责是：料理家务、抚养孩子和照顾丈夫。就其工作而言，她负责家务，在心理上处于服从地位。相比之下，丈夫的工作则显得重要得多，因为他要挣钱养家。他的成功便是她的成功，他的同事、朋友便是他们夫妻俩人的朋友。他在家里说一不二，支配一切；她则想方设法使丈夫的生活称心如意。每天大部分时间中，妻子与孩子们打交道，或与处于同样心理状况的邻居妇女聊天。丈夫的工作出现危机，也是妻子的危机。任何一个公正的旁观者都可以看出，在这种婚姻关系中，一方支配，一方服从。妻子已经接受甚至需要这种关系，因为她所知道的婚姻关系就是如此。她所了解的婚姻模式是她父母的婚姻，以及从小所知道的其他婚姻关系。她对丈夫的依赖很可能取代了她以前对父母的依赖。丈夫同样也选择了这种说话柔声细气、性情温顺的女子为妻，因为这样的妻子可使他更加确信自己是挣钱养家的人，可以支配一切。这样，他和她都如愿以偿，他们从小所看到的婚姻模式，现在已经成为他们自己的生活现实了。

又过了几年，也许是四年到七年，他们的婚姻关系开始出现危机。处于服从地位的妻子感到自己的生活天地太小，社会地位过低，精神上未能得到满足，因为她对家庭的贡献是十分有限的。丈夫便鼓励妻子要自尊、自信，要积极地去生活，而不要再自感内疚。这样，他便第一次发出了不同于结婚时所抱期望的信息。他会说："你要是想工作，干吗不去找个工作？"或者"还是回学校教书吧。"他鼓励妻子寻求新的精神寄托，不要自怨自艾。总之，他希望妻子不再像当初结婚时那样，当时她处于服从地位，整天在家庭的小圈子里转来转去。在这之前，妻子总是认为，不管丈夫有什么不顺心的事，那准是她的过错。"我又做了什么错事？"要是丈夫不高兴，或情绪消沉，她就会觉得是自己哪儿做得不对，或者因为自己没有以前漂亮，不那么讨他喜欢了。处于服从地位的妻子总是根据自己服从的心理来分析问题，并将丈夫的各种问题归咎于自己。

在婚姻关系的这一阶段，丈夫十分注重自己的职务晋升、社会交往和职业竞争。他正处于上升阶段，所以不能容忍一个哭哭啼啼的妻子成天缠着他。由于他有许多机会同各种不同的人打交道（他的妻子是无幸得到这种机会的），他也开始改变了。他变得更加武断、更加苛刻，更加不能容忍别人——包括妻子——的缺点。所以，他才像上面那样要求妻子"振奋起来"。在这个阶段，丈夫还会寻找外遇，以求得到新的刺激。他有很多机会，可以结交更有魅力的女子。有时，妻子也会主动做些尝试。她可能会参加社区活动，报名学习培训课程、参加心理咨询，而这些活动大部分都会得到丈夫的热情支持。

现在，对丈夫一贯唯命是从的妻子可能开始审视自己的行为。她发现，不仅在婚姻关系中，而且在整个生活中，自己都选择了屈从，而她完全可以做出其他选择。她开始怀疑自己的寻求赞许行为，开始拒绝依赖生活中的任何人，包括父母、丈夫、朋友甚至孩子们。她开始建立起自信心。她会找个工作，开始结交新的朋友，开始勇敢地面对武断专横的丈夫，不再接受结婚以来一直受到的精神压制。她迫不及待地要求得到平等待遇，并自己实行平等。她会坚决要求丈夫分担家务，包括照看孩子。

对于妻子转向独立的行为，丈夫是不会轻易接受的。他的地位受到了威胁。在他最经受不住烦恼的时候，烦恼闯入了他的生活。他鼓励妻子更多地依靠她自己，更多地独立思考，可他最不需要的，莫过于一个自命不凡的妻子。他并不想创造一个怪物，特别是敢于怀疑他的家庭支配权的怪物。对妻子的转变，他可能会采取极为强硬的态度，因为这一招在过去

| 206 |

Your
Erroneous
Zones

正能量
实践版

可以使唯唯诺诺的妻子就范。他争辩说，她一边工作，一边将挣来的工资付给照看孩子的保姆，这样毫无意义；他呵斥妻子，说那种认为她没有得到平等待遇的看法是荒谬的，实际上，她是给溺爱惯了。"你不必去工作，一切都是现成的。你只要管好家务、照料好孩子们就行了，别的什么也不用管。"他还试图诱发她的内疚感："这样下去，孩子们要受罪的。""我可受不了。"他甚至还威胁要和她离婚。

上面这些招数果然奏效。妻子对自己说："哎哟，我差点儿毁了我们的家庭。"于是，她重新回到服从的地位。丈夫的强硬态度使她意识到自己的地位。然而，如果她拒绝退让，他们的婚姻将受到威胁。无论怎样做，肯定会出现危机。要是妻子坚决要求独立，不愿再回到服从地位，那么习惯于支配地位的丈夫便会弃她而去，另找一个更年轻的妻子。这位新的妻子会十分敬畏丈夫，对他唯唯诺诺、百依百顺，成为他称心如意的妻子。另一种可能：他们的婚姻可能会渡过危机继续维持下去，并出现一种有趣的转变。支配与服从仍然贯穿于整个婚姻关系，因为这是夫妻双方都确认的唯一婚姻关系。这时，丈夫往往由于害怕失去某种心爱的或依赖的东西，而开始充当服从的角色。他在家里的时间比以前多了，也更经常地和孩子们在一起。他可能会对妻子说："你不再需要我了"或者"你变了，你不像当初结婚时那样了"。于是，他变得更加消沉。他可能开始酗酒，开始自我怜悯，并想以此来支配他的妻子，或借此来恢复他已失去的优越地位。妻子在工作上已有了一定的成就，或正在取得事业上的进展；她有自己的朋友，发展着自己的其他兴趣。也许她出于报复心理，也有了外遇，但至少在别人承认并赞扬她的工作成绩时，她是很高兴的。尽管如此，支配与服从依然存在于他们的婚姻之中，他们的婚姻笼罩着危机的阴影。只要夫妻一方总得比另一方更为重要，只要两人凑合在一起是因为害怕离婚，那么依赖性仍然是这种婚姻关系的基石。支配的一方——无论是丈夫还是妻子——不会对奴隶式的伴侣感到满意。从法律上讲，婚姻关系可能继续存在，但夫妻之间的任何恩爱感情或思想交流至此已经荡然无存。在这个阶段，离婚是很普遍的，即使不离婚，夫妻双方也会在婚姻的躯壳里各行其是：没有性生活，分室而居，在相互指责（而不是谅解）的基础上勉强讲几句话。

当然，这种婚姻也会产生另一种结局，前提是夫妻双方要重新评价自己，重新审视相互的关系。如果他们共同努力消除误区，在允许对方根据其意愿行事的基础上相亲相爱，那么他们的婚姻必定是美满的。在这种新的婚姻关系中，夫妻双方既爱慕对方，也鼓励对方独立和消除依赖，同时还与好友共享幸福。这样的婚姻有着美好的前景。然而，当两个人失去个性而融为一体时，或在一方试图以某种方式支配另一方时，每个人都会出于本能而力争求得人类最为重要的需求之一——独立。

婚姻持续时间的长短并不表明婚姻的成败。许多夫妻是在勉强维持着婚姻关系，因为他们或者害怕未知世界，或者出于惰性，或者仅仅因为大家都如此。在成功的婚姻关系中，夫妻真诚相爱，两个人都愿意让对方做出自己的选择，而绝不会将自己的意志强加于人。他们不会因为要求对方违心做事而争吵。在美满婚姻的天堂里，依赖是条可恶的毒蛇，释放出的负面能量是极其惊人的，它导致支配与服从，从而最终造成婚姻关系的破裂。只要努力，是可以消除这一负面心理的。但这是一场艰苦的战斗，因为斗争的焦点在于支配权，很少有人会不经较量便自动放弃这种权利。最为重要的是，不应将依赖与相爱混为一谈。如果夫妻双方相互保持一定距离，婚姻关系反而会更加巩固。

他们为什么这样对待你

依赖心理并不仅仅是因为你同盛气凌人的人打交道才产生的，是由于你自己愿意这样做，是你的言行让别人来支配你。支配的手法是各种各样的，只有在对你奏效的情况下，它们才会一再出现。如果这种支配手法使你服服帖帖、唯唯诺诺，那便是奏效了。下面是婚姻关系中保持支配与控制的某些常用方法：

·喊叫、尖叫或高声说话。如果你性情温顺，只求安稳度日，那么这种做法便会使你就范。

·以这种话相威胁："我要走，我要离婚。"

·诱发内疚心理："你没有权利这样做。""我真不理解你怎么会做出这样的事。"如果内疚是你感到头疼的一个问题，你便会被这几句话镇得服服帖帖。

·做出愤怒和暴躁的表示，如摔杯子、砸盘子、高声诅咒。

·使用"生病"的手法：心脏病发作、头痛、腰痛或其他任何病症。只要你没有按对方的意愿行事，他便会"生病"。如果你已向爱人表明当他生病时你会迁就他，那么他就会这样控制你。

·使用沉默手法：生闷气和嗔怒不语是使对方就范的一种最佳方法。

·求助于眼泪：你哭得很伤心，其用意不过是促使对方感到内疚。

·"愤然出走"：站起来走出去也不失为控制对方的巧妙方法之一。

·使用"你不爱我"或"你并不理解我"这类计策，以达到自己的目的，并使对方继续处于依附地位。

·以自杀相威胁："你要不听我的话，我就去死。"或者"你要是离开我，我就跳楼。"

上面这些方法都是为在婚姻关系中使对方按自己的意愿行事而采取的手段。前面已经讲过，当这些方法奏效时，它们才会一再出现。如果你拒不受这些手法的支配，对方便不会继续使用它们。**只有当你屈服于这些方法时，对方才会经常使用。你若屈服于这些方法，便是告诉对方你将会迁就什么。**

如果你总是受对方支配，那么你肯定一直在向对方发出"支配我"的负面能量信息。实际上，你可以学着让人家按你喜欢的方式来对待你。这很不容易，要花费一些气力，因为你曾经过相当长的时间才教会别人像目前这样对待你。但是，你可以改变。在你受到不公正待遇的任何地方，无论是在办公室、家里、饭馆里、汽车上或在其他地方，你都可以做出改变。不要说"你为什么这样对待我"，而应说"我自己干了什么以至别人会这样对待我"。也就是说，把注意力放在自己身上，学会以一种新的态度来对待这些支配方法。

常见的依赖行为

——觉得不能离开父母，或虽已离开，但双方都感到内疚不安。

| 210 |

Your
Erroneous
Zones
正能量
实践版

——觉得有义务经常看望父母，给他们打电话或陪他们出去玩。

——不管做什么事，都得征求爱人的同意，包括花钱、说话或使用汽车都得看他的脸色行事。

——侵犯私密权，包括检查孩子的抽屉或翻阅他们的日记。

——说这样的话："我绝不能告诉他我对他的看法。他会不高兴的。"

——把自己束缚于某一特定工作，从不敢发挥自己的能动性。

——不切实际地期望爱人、父母或孩子应当如何如何。

——因孩子、爱人或父母的行为感到窘迫，好像他们的行为便是你的行为似的。

—— 一生中总在为某项工作或某一职位进行训练和准备，却不再努力一下去实现独立自主。

——因别人的言语、观点或行为感觉自尊心受到伤害。

——只有当爱人和你一样觉得高兴或有所作为时，才觉得幸福或具有成就感。

——总是听从别人的调遣，而不问自己的意愿如何。

——遇事让别人替你拿主意，或总要先征求别人的意见再做决定。

——由依赖性而产生的义务："你欠了我的情，你想想看，我给你做了多少事情。"

——因为怕父母或自己所依赖的其他人不同意，便不敢在他们面前做某些事。不敢抽烟、喝酒、骂人、嚼口香糖，等等，因为你总得扮演服从的角色。

——因爱人患了重病或去世而痛不欲生，丧失生活的勇气。

——在处于支配地位的人面前，说话十分注意分寸，生怕惹他生气。

——总是以谎话掩饰自己的行为，说话不坚持原则，混淆黑白，这样"他们"就不会生你的气。

心理依赖的"好处"

这种自我挫败行为的原因并不复杂。你或许知道依赖可以带来不少好处，但你知道这些"好处"具有多大的杀伤力吗？从表面上看，依赖似乎是无害的，但它实际上是幸福与成就的大敌，影响着你体内正负能量的转换。下面是保持服从、依赖地位的若干较为常见的"好处"：

——依赖可以使你处于他人的保护之下，使你像幼儿那样，不必对你自己的行为负责。

——通过依赖，你可将自己的缺点归咎于他人。

——当你依赖他人时，就不必花气力、冒风险去改变自己。你可以从依赖中获得安全感，因为别人会替你做主。

——你会对自己满意，因为你可以取悦于人。你知道自己要高兴，就得先让妈妈高兴，于是，许多像妈妈那样的人物正在控制着你。

——你无须为自己有主见的行为而内疚。安分守己要比消除内疚容易得多。

——你无须自己做出选择或决定。你可将自己所依赖的父母、爱人或其他人作为楷模。你只要想他们所想、忧他们所忧，就不必费力独立思考或决定。

——此外，做盲从者比做领头人更为容易。别人让你干什么就干什么，保准不会出差错，虽然你可能不喜欢充当盲从的角色。盲从也比独立行事更为简单，而且没有任何风险。依赖之所以具有很大的挫败性，是因为它使你性格不够完整，精神上不能独立。依赖别人是很容易的，这的确不假。

消除依赖心理的方法

——制定你自己的《独立宣言》，宣告你渴望在与他人的交往中独立行事，彻底消除任何人的支配。

——与你在心理上依赖的人谈谈话，告诉他们你独立行事的目的，说明出于义务行事时自己的感受。这是着手消除依赖性的有效方法，因为其他人可能甚至还不知道你处于服从地位的感受如何。

——提出有效生活五分钟的目标，确定如何在这段时间内同支配你的人打交道。当你不愿违心行事时，不妨回答说"不，我不想这样做"，然后看看对方对你这一答复的反应如何。

——当你有足够的自信心时，同支配你的人推心置腹地谈一谈，向他说明你有时感到受他支配、有时被迫屈从。然后告诉他，你以后愿意通过某个手势来向他表明你的这种感觉，比如说，你可以摸摸耳朵或歪歪嘴。

——每当你感到在心理上受人左右时，告诉那人你的感觉，然后争取根据自己的意愿去行事。

——记住：你的父母、爱人、朋友、上级、孩子或其他人常常会不赞同你的某些行为，但这丝毫不影响你的价值。不论在何种情况下，你总会引起某些人的不满，这是生活的现实。你如果有思想准备，便不会因此而忧虑不安或不知所措，便可以挣脱在情感上束缚你的那些依赖枷锁。

——如果你为支配者（父母、爱人、上级或孩子）陷入惰性，那么即便你有意回避他们，也还会无形中受人支配。

——如果你觉得出于义务而不得不去看望某个人，问问你自己：别人若出于此种心理状态，你是否愿意让别人来看望你。如果你不愿意，那就应该"己所不欲，勿施于人"。找这些人去谈谈，让他们认识到仅仅出于义务的交往是有损于人的尊严的。

——下决心不再扮演服从的角色，干一个义务性工作，看看书，请保姆照看婴孩，或者找一个薪水未必很高的工作。为什么？因为只要你的自尊心得到提高，无论花费多少时间或金钱都值得。

——坚持不带任何条件的经济独立，不向任何人报账。你如果得向别人要钱花，便会成为他的奴隶。

——不要继续发号施令，控制别人；不要继续受制于人，唯命是从。

——承认自己有保持私密的愿望，不必把自己的所有想法和经历都告诉某人。你是独特而与众不同的，应该有自己的秘密。如果事事都要告诉别人，那你便没有选择可言，当然也就成不了独立的人。

——让孩子自己安排他的房间。给他一块可以由他支配的地方，只要不影响健康，随便他怎么安排。从心理上讲，孩子叠不叠被子没有什么关系，尽管你可能不这样认为。

——在晚会上，不要老是陪伴着你的伙伴，不要出于义务而一直陪着他。两个人分开去找别人讲讲话，晚会结束之后再聚到一起。这样，你们会成倍地扩大自己的知识和见闻。

——要是你愿意看电影，而你的伙伴则想打网球，那么就分头各玩各的！两个人多分开一会儿，这样你们相聚的时候便会感到更加幸福、更加充实。

——不必总陪着你的伙伴，你可以独自一人或邀上几个好友去短途旅行。这样，旅行归来时，你会更加喜欢你的伙伴，同时也会珍视自己独立行事的权利。

——记住：你没有使别人高兴的义务。别人自会寻求解脱和愉快。你可以在与别人的相处中得到真正的乐趣，但如果感到有义务让别人高兴，那你就失去了独立性，就会因别人不高兴而愁眉苦脸；更糟糕的是，你会以为是你使他不高兴的。你对自己的情感负责，在这一点上，人人如此，毫无例外。除了你自己以外，谁也不能控制你的情感。

——不要忘记：习惯并不是做任何事情的理由。不错，你以前一直服从别人，但不能因此再继续受人支配。

真正生活的实质在于独立。因此，幸福的婚姻关系是最低限度的融合加上最高限度的自治与独立。或许你非常害怕冲出依赖关系，但如果问问你在精神上依赖的那些人，就会惊奇地发现，他们最钦佩的，正是那些敢于独立思考、独立行事的人。真有意思。你要是独立了，别人就会尊重你，特别是那些拼命要支配你的人会更敬佩你，你们之间相互吸引的正能量也会越来越强。

依赖关系好比鸟巢，在这里哺育雏鸟再好不过。不过，鸟儿大了总要飞走，而飞离鸟巢去独立生活才是真正美好的。不仅飞走的小鸟会幸福，看着它飞去的母亲也会感到幸福。

第11章
永别了，愤怒

避免动怒的唯一方法是在内心消除
这样一种想法：你要是跟我一样就好了。

Your
Erroneous
Zones

正能量
实践版

你是否动辄勃然大怒？你可能会认为发怒是你生活的一部分，可你是否知道这种情绪根本无济于事？也许，你会为自己的暴躁脾气辩护说，"人嘛，总会发火、生气的"，或者"我要不把肚子里的火发出来，非得憋出溃疡病"。即使如此，愤怒这一习惯行为可能连你自己也不喜欢，更别说别人了。

　　其实，愤怒情绪并不是"人人都有"。你不必对它留恋不舍，因为它不能解决任何问题，而且，任何一个精神愉快、有所作为的人都不会与其为伍。愤怒情绪是一个误区，是一种心理病毒；它同生理病毒一样，可以使你重病缠身，一蹶不振。

　　首先，让我们确定"愤怒"一词的定义。本章所讲的愤怒，是指当某人事与愿违时做出的一种惰性反应。它的形式有勃然大怒、敌意情绪、乱摔东西，甚至怒目而视、沉默不语。它不仅仅是厌烦或生气，它的核心是惰性。愤怒使人陷入惰性，起因往往是不切实际地期望大千世界要与自己的意愿相吻合。当事与愿违时，便会怒不可遏。

　　愤怒既是你做出的选择，又是一种习惯。它是你经历挫折的一种后天性反应，你以自己所不欣赏的方式消极地对待与你的愿望不相一致的现实。事实上，极端愤怒是一种精神错乱——每当你不能控制自己的行为时，你便有些精神错乱。因此，每当你气得失去自制时，你便暂时处于精神错乱状态。

愤怒情绪对人的心理没有任何好处，它只会损耗你内在的正能量，将各种与你内心情境相呼应的人、事物吸引而来，使你耽溺于自己的受害者身份。上面已经讲过，愤怒使人情绪低沉，陷入惰性。从病理学角度来看，愤怒可导致高血压、溃疡、皮疹、心悸、失眠、困乏甚至心脏病；从心理学角度来看，愤怒可破坏相爱关系，阻碍情感交流，导致内疚与沮丧情绪。总之，它使你不愉快。你可能不相信这种观点，因为你或许听说过发火要比生闷气更有助于身心健康。是的，生气时把气发出去，比把气憋在心里要好得多；但是，还有一种比发火更好的方法——根本不动怒。为什么不采用这种方法呢？这样，你便不会为决定是发火还是生闷气而自寻烦恼了。

同其他所有情感一样，愤怒是思维的结果。它并不是无缘无故地产生的。当你遇到不合意愿的事情时，就告诉自己，说事情不应该这样或那样（你感到沮丧、灰心）；而后，便做出自己所熟悉的愤怒反应，以为这样会解决问题。只要你认为愤怒是人的本性之一部分，就总有理由接受愤怒情绪而不去改正。

如果你仍然决定保留愤怒情绪，你可以通过不造成重大损害的方式来发泄愤怒。然而，你不妨想想自己是否可以在沮丧时以新的思维支配自己，用更为健康的情感来取代使你产生惰性的愤怒。既然世界绝不会像你所期望的那样，你很可能会继续厌烦、生气或失望；无论如何，你都完全可以消除那种不利于精神健康的有害情感——愤怒。

　　你或许认为愤怒情绪可以使你达到目的，因而发怒是有道理的。我们可以就此认真分析一下。例如，你的两岁的女儿现在在街上玩耍，很可能会被车子撞上。你板起脸，大声叫她回来。如果你觉得这样高声说话的目的是为了让孩子别在危险的地方玩耍，那么这不失为一个很好的方法。然而，如果你因此而真的生气，气得脸发红、心跳加快、乱摔东西——总之，在一段时间内陷入惰性，那你便是处于愤怒状态了。你完全可以通过其他方法教育孩子，根本犯不上自寻愤怒。你可以这样想："女儿在街上玩儿很危险。我要让她懂得，在街上玩耍是不能允许的。我要高声叫她回来，以表明我的坚决态度。但我无论如何都不会为此而勃然大怒的。"

　　假设有一个做妈妈的，她根本不能控制自己的愤怒。每当孩子淘气时，她总是大发脾气。可是，她越是发脾气，孩子们就越淘气。她惩罚他们，把他们关在屋里，大声叫骂，激怒不已。与其说她在当妈妈，带孩子，倒不如说她在带兵打仗。她光知道大声叫骂，一天下来，犹如从战场归来，累得筋疲力尽。

　　你看，孩子们知道他们淘气会惹妈妈生气，可他们仍然不听话。这是为什么呢？因为愤怒就是这样捉弄人：它根本不能改变别人，只能使别人更想控制动怒的人。如果要上面提到的孩子们说出他们淘气的理由，他们或许会这样告诉你：

　　知道怎样让妈妈动怒吗？只要说这样一句话、做那样一件事，就可以控制她，让她气得发昏。你会在屋里给关一会儿，那是无所谓的；可是你得到的很多：以这么低的代价就在感情上完全控制了她！既然我们对妈妈仅能施加很小影响，我们应多这样逗逗她，看看她会气成什么样。

从这个例子可以看出：在生活中，不管对什么人动怒，它只能使别人继续自行其是。尽管惹人生气的人有机会后怕，但他同时也知道他可随意让对方动怒，从而在感情上控制对方。可悲的是，发怒的人往往认为可以通过愤怒来控制对方。

每当你以愤怒来回答某人的行为时，会在心里说："你为什么不跟我一样呢？这样我就不会动怒，而且会喜欢你。"然而，别人不会永远像你希望的那样说话、办事；实际上，他们在大多数情况下都不会按照你的意愿行事。世界就是如此。这一现实永远不会改变。所以，每当你因为自己不喜欢的人或事动怒，你便是不敢正视现实，在感情上折磨自己，使自己陷入惰性。为根本不可能改变的事物自寻烦恼真是太愚蠢了。其实，你大可不必动怒；只要你想想，别人有权以不同于你所希望的方式说话、行事，你就会对世事采取更为宽容的态度。对于别人的言行，你或许不喜欢，但绝不应动怒。动怒只会使别人继续气你，并会导致上述种种生理与心理病症。真的，你完全可以做出选择——要么动怒，要么以新的态度对待世事，从而最终消除愤怒这一负面行为。

也许你认为自己属于另一类人，即对某人某事有许多愤懑，但从不敢有所表示。你积怨在胸，敢怒不敢言，成天忧心忡忡，最后积怨成疾。但是，这并不是那些咆哮大怒的人的反面。在你心里，同样有这样一句话："要是你跟我一样就好了。"你以为，别人要是和你一样，你就不会动怒了。这是一个错误的推理，只有消除这一推理，你才能消除心中的怨怼。虽然有怒便发比积怨在胸好得多，但你会慢慢懂得，以新的思维方式看待世事，以至根本不动怒，这才是最为可取的。你可以这样安慰自己："他要是想捣乱，就随他去。我可不会为此自寻烦恼。对他这种愚蠢行为负责的，是他不是我。"你也可以这样想："我尽管真不喜欢这件事，却不会因此陷入偏执。"

所以，为了消除这一行为，首先你要以本书通篇论述的方法勇敢地表示出自己的愤怒。而后，以新的思维方法来保持精神愉快，将外界的控制转为内在的控制。最后，不再对任何人的行为负责任，不因为别人的言行影响自己的精神状况。你可以学会不让别人的言行搅乱自己的心境。总之，你只要自尊自重，拒绝受别人控制，便不会再用愤怒折磨自己。

微笑是可以"选择"的

谁都知道，人不能同时既生气又大笑。怒与笑是相互排斥的，你或可选择气，或可选择笑。

笑是精神生活的阳光。没有阳光，万物皆不会存在或生长。丘吉尔曾这样说过：

我认为，除非你理解世上最令人发笑的趣事，否则你便不能解决最为棘手的难题。

你对生活的态度可能严肃得近乎呆板。要知道，内心强大的人最为明显的特点大概就是善意的幽默感。让别人开怀大笑，在笑声中观察五彩缤纷的现实生活，这是消除愤怒的最佳方法。

在我们这个世界上，你的言行以及你是否动怒会产生什么影响？充其量不过相当于大海中的一滴水，对世界来说无关大局。只是前者使你精神愉快，后者使你精神痛苦。

你的生活是否过于严肃，以至看不到这种生活的荒谬之处？要是一个人从来不笑，那他可能有些变态。每当你的言行过于严肃时，提醒自己，你所享有的时间只是现在。当开怀大笑可以使你如此愉快时，为什么要以愤怒折磨自己呢？

笑吧，为笑而笑，这就是笑的理由。其实，你并不需要为笑寻找理由。只要笑，这就足够了。冷静地观察生活在这个世界上的各种人——包括你自己，而后再决定选择愤怒还是幽默。请记住，幽默感会使你和其他人都得到生活中最为珍贵的礼物——笑。**大笑吧，当你这样做时，积极的情绪就被激发出来，体内的正能量因此也越聚越多。**

愤怒的常见原因

不管在什么时候，你都可以看到动怒的例子。不管在什么地方，你都可以看到人们陷入不同程度的惰性——从轻微的烦躁不安到严重的咆哮大怒。尽管愤怒是一种逐渐形成的习惯，但它也是一种侵袭人际关系的弊病。下面是人们选择愤怒的常见情形：

——在汽车里动怒。开车的人为一点儿小事就向其他开车的人大声叫骂。当别的车开得太慢、太快、不打信号、打错信号、开错车道或出现其他错误时，你便会大发雷霆。由于你对别人开车的方式不满，你很可能会发怒，陷入癫狂。同样道理，交通堵塞最容易引起愤怒与敌对情绪。开车的人大声责骂行人，诅咒堵塞的原因。所有这些行为都是由于这一想法而产生的："不应该发生这种事情。但现在它已经发生，所以我就心烦意乱，并且也要促使别人选择不愉快。"

——在竞赛性游戏中动怒。桥牌、网球、扑克等游戏都可以导致愤怒。人们会因为伙伴出错牌或对方犯规而大发雷霆。要是他们自己出了错，便乱摔东西。虽然摔球拍、撕纸牌比拿球拍、纸牌砸人或大声责骂要好一些，但这些行为毕竟搞砸了当下的局面。

——对不适当行为动怒。许多人仅仅因为某人或某事不如其意便勃然大怒。例如，开车的司机可能会认为前面那个行人或骑车人不应当走在马路上，因而便愤怒地开车把这个人挤出马路。这种愤怒的行为是极为危险的。许多所谓事故实际上都是此类发泄愤怒事件的恶果。

——对收税动怒。不管你怎样动怒，我们国家的税收法都不会改变。可是还有人动辄发怒，因为他们不喜欢别人来收税。

——因别人迟到而动怒。你要是认为别人应该根据你的时间表行事，那么当别人迟到时，你便可以大发脾气，并为自己的惰性行为辩护说："我当然有权发火了，他让我白等了半个小时！"

——对别人干事马虎、丢三落四动怒。尽管你的怒气很可能会鼓励别人继续自行其是，但是你自己也会继续气下去。

——对无生命的东西动怒。要是你的胫骨给撞了或大拇指给锤子砸了，尖叫一声倒可以减轻不少痛苦。但如果你为此大动肝火并做出某种行为，如用拳头砸墙，那么不仅于事无补，反而会使你更加痛苦。

——因丢失东西动怒。不管你怎样咆哮大怒，丢失的钥匙或钱夹都不会物归原主。相反，它只会阻碍你有效地寻找遗失的物品。

——因个人不能控制的天下大事动怒。你可以不满意政治局势、外交关系或经济状况，但你的愤怒以及随之而来的结果不会改变任何事情。

你是不是这样的"暴徒"

上面我们列举了人们可能动怒的若干场合，现在让我们看看愤怒有哪些主要形式：

——责骂或讥讽爱人、孩子、父母或朋友。

——粗暴行为：摔东西、摔门甚至动手打人等。当此类行为走向极端时，便会导致暴力犯罪，而暴力犯罪几乎都是惰性的愤怒的恶果。除非人们失去理智，因愤怒暂时陷入精神错乱状态，否则便不会出现斗殴、谋杀等恶性事件。有人认为愤怒是正常的情感，而且某些心理学派鼓励人们动怒并发泄愤怒情绪。如果相信这些看法，那将是危险的。同样道理，那些大力渲染愤怒情绪与暴力行为并将其视为正常现象的电视片、电影和书籍，都会对个人与社会造成恶劣后果。

——"他真把我气死了"或者"你太让人生气了"。你说这些话时，就是让别人的言行使自己不愉快。

——常讲这些话："宰了他""揍扁他们"或"逆我者亡"，等等。你可能会认为这仅仅是讲讲而已，但这些话的确助长了愤怒情绪和暴力行为，会使友好竞赛变成愤怒逞狂的暴力争斗。

| 224 |

Your
Erroneous
Zones
正能量
实践版

——大发脾气。这不仅是通常表示愤怒的方法，而且往往使发脾气的人如愿以偿。

——嘲弄、讥讽或生闷气。这些方法同暴力行为一样，具有很大的破坏作用。

尽管还可以无休止地举出其他愤怒行为，但上述例子则是最为常见的负面行为。

愤怒的心理动机

只有理解了为什么不应动怒，才能放宽胸怀，尽量不去动怒。同样，为了弄清动怒的根源，首先应当分析动怒有哪些心理动机。

——每当你觉得难于控制自己、感到沮丧或遭受挫折时，你可以通过愤怒将自己的不愉快归咎于其他的人或事，而不必控制自己的情感。

——你可用愤怒来控制怕你发怒的那些人。对于控制那些年龄比你小、在心理上或生理上弱于你的人来说，这一方法尤为见效。

——动怒会引人注意，因此你可以自以为了不起。

——愤怒是个现成的借口。你可以先狂怒一阵，然后向别人道歉："对不起，我刚才实在不能控制自己。"这样，你可以用"失去控制"为理由来原谅自己的动怒行为。

——你可以将自己的意志强加于人，因为别人宁愿好言劝慰你，也不会让你大闹一场。

——如果你害怕友谊或爱情，你可以为某件事发脾气，这样就可避免与别人交流情感。

——你可以利用内疚感控制别人，让别人扪心自问："我哪儿做错了，让他这样生气？"当别人内疚时，你是强大的。

——你可以愤然断绝与别人的交往，因为你觉得别人比你更能干，而自己受到威胁。你干脆用愤怒来避免丢脸。

——当你动怒时，不必找自己的原因，更不必改进自己。这样，你就可以大吵大闹，不做任何努力改正自己的脾气。只要动怒，你就会好受。

——在大怒一场之后，你可以陷入自我怜悯之中，自叹无人理解你。

——你只要勃然大怒，便不必认真思考。既然别人都知道你在动怒时头脑不清醒，那么当然可以利用这一点：只要你不想认真思考，就可乱发一阵脾气。

——你要是在一场游戏中输了，可以发顿脾气来开脱自己。说不定这样可以使对方不敢赢你，因为他们怕你发这么大脾气。

——你会说，有时你需要利用愤怒进行某些工作，这样便可为愤怒找到绝妙的借口。其实，愤怒只会使你陷入惰性，根本无助于任何工作。

——你会说："是人都会发怒。"从而为愤怒提供现成的理由："我也是人，所以理应动怒。"

消除愤怒的方法

愤怒这一行为是可以消除的。当然，需要很多新的思维，并且只能逐步实现。每当你遇到使你愤怒的人或事时，要意识到你对自己说的话，然后努力以新的思维控制自己，从而使自己对这些人或事有新的看法，并做出积极的反应。下面是消除愤怒情绪的若干具体方法：

——最为重要的是，当你愤怒时，首先要冷静地思考，提醒自己：不能因为过去一直消极地看待事物，现在也必须如此。自我意识是至关重要的。

——试试推迟动怒的时间。如果你在某一具体情况下总是动怒，那么先推迟15秒，然后再照常发火；下一次推迟30秒，然后不断延长间隔时间。一旦你意识到可以推迟动怒，你便学会了自我控制。推迟愤怒也就是控制愤怒，经过多次练习，你就会最终完全消除愤怒。

——当你想用愤怒的情绪教育孩子时，可以假装动怒：提高嗓门或板起面孔，但千万不要真的动怒，不要以愤怒所带来的生理与心理痛苦来折磨自己。

——不要欺骗自己说你可以喜欢令人讨厌的东西。你可以讨厌某件事，但你仍不必因此而生气。

——当你发怒时，提醒自己：人人都有权根据自己的选择来行事，如果一味禁止别人这样做，只会延长你的愤怒。你要学会允许别人选择其言行，就像你坚持自己选择言行一样。

——请你信赖的人帮助你。让他们每看见你动怒时，便提醒你。你接到信号之后，可以想想看你正在干什么，然后努力推迟动怒。

——写"动怒日记"，记下你动怒的确切时间、地点和事件。强制自己诚实地记录所有动怒行为。只要持之以恒，你很快就会发现，记录动怒的行为本身将促使你少动怒。

——在大发脾气之后，大声宣布你又做了件错事，现在你决心采取新的思维方式，今后不再动怒。这一声明会使你对自己的言行负责，并表明你是真心实意地改正这一负面行为。

——当你要动怒时，尽量靠近你所爱的人。消除敌对情绪的方法之一是握住对方的手，即使你不情愿也要握住他的手，一直到你向他表明了自己的感情并平息了愤怒情绪之后，再松开手。

——当你不生气时，同那些经常受你气的人谈谈心，互相指出对方最容易使人动怒的那些言行，然后商量一种办法，平心静气地交流看法。比如可以写信、由中间人传话或一起去散散步等，这样你们便不会以愤怒相待。其实，只要在一起多散几次步，你便会懂得发怒的荒谬了。

——当你要动怒时，花几秒冷静地描述一下你的感觉和对方的感觉，以此来消气。最初 10 秒是至关重要的，一旦你熬过这 10 秒，愤怒便会逐渐消失。

——不要忘记：在生活中，至少有一半人在一半时间里会不赞成你的所作所为。只要预计到有人会不同意你的言行，你就不会动怒了。相反，你会告诉自己：世界就是这样，并不是人人都同意我的感觉、思维和言行的。

——应该记住：虽然有怒便发比积怨不发要好得多，但根本不动怒才是最为可取的。一旦你不再认为动怒是自然的，是人的一种本性，你便可以在内心消除愤怒。

——不要总是对别人抱有期望。只要没有这种期望，愤怒也就不复存在了。

——提醒自己：孩子们总是活蹦乱跳、吵吵闹闹的，为此而动怒是没有任何意义的。尽管你可以帮助孩子们在其他方面做出积极选择，但你永远不会改变其基本特性。

——自爱。你要是自爱，就永远不会以动怒来折磨自己。

——遇到交通堵塞时，给自己算算时间，看看自己能多长时间不动怒。注意控制自己。不要大声责骂街上的行人，你可以有礼貌地同他打个招呼。坐在车里等待时，你可以发条短信，听首歌，设想如何摆脱交通堵塞。

——在遇到挫折时，不要屈服于挫折，应当接受逆境的挑战。这样，你便没空动怒了。

愤怒没有任何好处，它只会妨碍你的生活。同其他所有负面行为一样，愤怒使你以别人的言行确定自己的情绪。现在，你可以不去理会那些言行，选择愉悦地接受一切，而不是愤怒。

第12章
一个消除了负能量的人

只要你活在当下，倾听内心的声音，你就会变得喜悦自在，成为一个充满正向能量的人。想想吧，清除牵绊你的负面的情绪，安住于喜乐当中——这是多么振奋人心哪。如果你愿意，现在就可以做出这一选择。

Your
Erroneous
Zones

正能量 实践版

没有任何负面能量的人似乎是不存在的，但停止自我挫败行为则完全可以实现。在本章中，你将逐步看到，一个与众不同的人是如何实现自我成长的，他的与众不同之处就在于：无论何时何地，他都能够积极地生活。

消除了所有负能量的人不同于等闲之辈。从外表上看，他们或许与别人一样；但其内心世界拥有独特的品质——一种并非因种族、经济地位和社会地位以及性别差异而产生的品质。他们并不是按工作种类、居住地点、文化水平、经济地位和作用大小来划分。他们具备的那种与众不同的品质，不能以评价一般人的标准来看待。他们或富或贫、或男或女、或年长或年轻，可能居住在世界的任何地方，可能做着各种平平常常的工作。总之，他们是由各种各样的人组成的，但他们都有一个共同的特点——他们身上充满了正向的能量！在现实生活中，当你遇到这种人时，怎样才能将他们区分出来呢？办法只有一个：听其言、观其行。下面就让我们来看看他们是些什么样的人。

首先，最为明显的是，你会发现这些人几乎热爱生活的每一件小事。

他们做什么事都非常愉快，从不浪费时间去埋怨或幻想。他们热爱生活，希望享受生活的所有乐趣：喜欢郊游、野餐、看电影、读书、体育、音乐会、城市、乡村、动物、山水，总之喜欢生活的一切。是的，他们喜欢生活。他们从不抱怨生活，从不悲叹命运，甚至从不叹息。下雨了，他们喜欢；天热了，他们也喜欢，而不是牢骚满腹。不论遇到交通堵塞，参加无聊的聚会或者孤身一人，他们都能随遇而安。他们不是假装高兴，而是理智地接受现实，并能神奇地从现实中享受愉悦。你要是问他们不喜欢什么，他们很可能会不知所措，难于给你一个切实的回答。比如下雨时，他们并不是慌忙跑到屋檐下避雨，而是任凭风吹雨打，安然信步。为什么？因为他们觉得雨是美丽的，令人兴奋的，完全应当体验一下淋雨的滋味。是的，他们喜欢雨；他们还喜欢雪，也喜欢正在融化的雪。他们观察雪的融化，在雪中嬉戏，不会因冰雪消融就感到悲伤。因为他们认为这些都是生活的一部分。他们喜欢猫吗？喜欢。喜欢熊吗？喜欢。毛毛虫呢？也喜欢。当然，他们不欢迎疾病、干旱、蚊子、洪水等毁坏生活的事物。但是，他们绝不会因此而整天长吁短叹，埋怨不止。如果需要改变现实，他们便积极地做出努力，并从中获得乐趣。任凭你怎样观察，都可能难以发现他们不喜欢做某件事。

内心强大、有所作为的人从不因往事而内疚或悔恨。当然，他们也承认曾做过错事，也起誓不再重犯某个错误。但是，他们不会悔恨自己做过错事，也不会因不喜欢自己以前的某个行为而烦恼至极。**是否完全消除内疚与悔恨，是区别内心强大与否的一个重要标志。**他们从不悲叹过去，从不想让别人感到内疚，从不提出"你为什么非得别出心裁，和我不一样？"或者"你难道不害臊吗？"等一类问题。为什么？因为他们懂得，过去的生活已经成为往事，不管你怎么悔恨、悲叹，都不会改变过去。由于他们本身开朗豁达，他们也从不逼迫别人感到内疚。他们知道，在现时中悔恨过去只会破坏自我形象，而从往事中汲取教训则比悲叹更为有益。他们不会通过指责来控制别人，你也不可能以这种方式控制他们。即便你跑去指责他们，他们也不会因此动怒。使人悔恨或动怒的方法对这些人毫无作用。

同样的道理，充满正能量的人从不为未来忧虑。使别人忧心忡忡的情况对他们却毫无影响。他们根本不知道怎样忧虑。在他们的性格词典中，找不到"忧虑"这个词。当然，他们并不一定在任何时候都能保持冷静，但他们不愿意在目前为不能左右的未来痛苦。他们十分注重当下，总是在内心提醒自己：在当下生活中没有忧虑的地位。

这些人活在当下，而不是过去或将来。他们从不畏惧未知世界，敢于体验不熟悉的新事物，喜欢探索一切。无论什么时候，他们都珍惜当下的时光，因为这是他们可以享有的唯一时刻。他们并不期待未来的某一事件，因而也不会在等待中虚度光阴。无论在某一事件发生前还是到来时，他们都能积极地生活，并从中获得乐趣。是的，他们从日常生活的每一件事中都获得莫大的享受。他们的精神世界总是愉快的，因为他认为毫无必要推迟生活中的享受。从现实生活中获得幸福，这是一种合乎自然规律的生活方式，就像幼儿或动物那样，他们抓紧生活中的每时每刻，实现自己的愿望和抱负，而其他人却坐等良机，从不主动去抓住它。

这些内心强大的人非常独立。他们脱离了所有从属关系。当然，他们非常热爱家庭，但同时认为，在人际关系中，独立比依赖更为可贵。他们珍视自己的自由，而且不希望受别人的约束。他们与他人的关系建立在这样一个基础上：每一方都有权做出自己的决定。他们在爱别人的同时，绝不会将自己的价值观念强加于人。他们十分珍视个人私密权，尽管这会使别人感觉受到冷落。他们有时愿意独身静处，并尽力确保自己的隐私。他们不会同时身处于多种相爱关系之中，因为他们是有选择地爱，而且当他们爱别人时，他们的爱是深沉的、热烈的。内心不强大或缺乏独立性的人很难与他们建立相爱关系，因为他们坚定地维护其自由。如果有人需要依附于他们，他们会拒绝满足这种需要，因为由此而产生的依附关系将有损于双方。他们希望自己所爱的人具有独立性，能够独自做出选择，能够自己去生活。他们并不是独来独往的孤家寡人，然而他们更希望别人与他们一样独立地愉快生活。对于孩子们，他们则是无微不至的。不过，几乎从一开始，他们便鼓励孩子独立，并在孩子们生活的每一个关键时刻，都以极大的爱来帮助他们实现独立。

在这些内心强大、有所作为的人身上，你还会发现另一个与众不同的特点：他们从不寻求赞许。没有别人的赞许与喝彩，他们照样积极地生活。他们并不像大多数人那样，有意地赚取别人的赞许与好感，他们完全不被别人的观点左右，几乎毫不在乎别人是否喜欢他们的所作所为。总之，他们从不企图取悦于人，也从不希望乞求别人的赞许。为什么？因为他们以内心的准则指导言行，并不在意别人的评头论足。他们并非不欣赏别人的赞许或喝彩；他们只是没有这种需要。这些人胸怀坦荡，敢于直言，因为他们不必字斟句酌地想办法取悦于别人，你如果想知道他们的看法，那么只要听听他们的语言就可以了。因为他们从不拐弯抹角或闪烁其词，更不会以假话敷衍。另一方面，当你谈到他们的缺点与不足时，他们不会因此陷入惰性或一蹶不振，而是根据自己的价值标准予以分析。他们并不希望人人都喜欢他们，也从不幻想人人同意他们所做的每一件事。他们懂得，无论怎样做都会受到某些人的反对。在这一点上，他们是独特的，因为支配其言行的，不是周围的其他人，而是他们自己。

这些人不会为适应社会环境而循规蹈矩。他们并不是叛逆者，但他们要做出自己的选择，即使这一选择不符合他人的标准。他们无视那些毫无意义的清规戒律，对许多人十分注重的世俗常规嗤之以鼻，悄声回避。他们既不会经常参加无聊的酒会打发时间，也不会为表示亲近而与人闲聊。他们有着自己的行为准则。他们将人际交往视为生活的一个重要部分，但同时拒绝成为规则的奴隶。他们不会以暴力相抗，但他们在内心知道何时可以无视闲人闲话，并且总是清醒、明智地生活。

他们富有幽默感，知道怎么笑，知道如何开玩笑。无论是最荒谬的场合，还是最欢乐的聚会，他们都能发现幽默，尽情大笑。他们善于逗趣，愿意烘托气氛，而不是那种以冷酷、呆板的态度生活的人。他们根本不去计划何时选择冷酷、何时选择热情，因为他们不相信世界上有什么事情会恰如其分。他们喜欢与各种人逗乐，在其幽默中无任何敌意，他们从不嘲弄取笑别人，而是与别人一起笑。他们也嘲笑生活，因为他们觉得生活有时也是滑稽可笑的，尽管他们从不放松追求生活。当他们客观地审视自己的生活时，会发现自己并不是循着某条具体的道路前进，而只是在向前走。他们会创造一种人人都心情舒畅、精神愉快的气氛，并从这一气氛中获得乐趣。和这些人在一起时，你会感到生活是多么有趣。

这些人不加抱怨地接受自己。他们知道，他们是人，是人就会有不同之处。他们知道自己长相如何，并接受自己的长相，个子高，这不错；个子矮，也没有什么不好；头发稀疏，挺好；满头浓发，也可以。他们不在乎身上出的汗、发出的气味。他们不无骄傲地接受自己的一切，因为他们是最为自然的人。他们既不过度用化妆品粉饰自己，也不因其长相或气味而深感歉意。只要是人所共有的东西，他们从不讨厌。同理，他们也接受现时中的自然界，对于不能改变的事物，他们从不抱怨，不抱怨热浪，不抱怨冷水……他们接受自己和自然界，没有任何虚伪做作，没有任何牢骚埋怨，只是理智地接受。你要是和他们待在一起，绝不会看到他们自我贬低或徒劳空想。你所看到的，是乐观地看待世界、愉快生活的实干家，他们就像无忧无虑、天真活泼的幼儿一样接受自然世界，尽情享受生活。

他们喜欢投身到大自然的怀抱里，尽情欣赏大自然的美。他们特别喜欢高山、夕阳、河流、花草、树林、动物……总之，他们喜欢大自然的一切。他们对大自然的热爱，既不是逢场作戏，也不矫揉造作。别人感到索然无味的事物，他们却可以欣赏。对于夕阳、郊游、飞鸟、毛毛虫、小猫，等等，他们总是可以从中得到享受。

他们能够洞察别人的行为，对别人来说非常复杂费解的事情，他们却能明确地理解。使别人陷入惰性的问题，对他们来说仅仅是小小的不快。由于他们从不因困难而情绪消沉，因而能够克服别人无法克服的障碍。他们也很了解自己，能够马上意识到别人对于他们的企图。当他们与别人同处逆境时，别人动怒并陷入惰性，而他们则耸耸肩，不去理会逆境的淫威。他们从不张皇失措，那些对别人来说是费解的难题，在他们看来却是轻而易举的。他们的内心世界并不聚焦于问题，而是聚焦于成就。当他们在生活中遇到一个问题时，只是积极地解决，而不是将其视为反映个人价值的标准。换言之，他们对其个人价值有自己的看法，因而可以客观地评价别人的意见或遇到的问题，不会因此觉得个人价值受到威胁。这一点是最难理解的，因为大多数人很容易被外界事物、他人的言行左右，所以常常感到其自我价值受到威胁。然而，内心强大、思维独立的人不会因此而为个人价值担忧。

他们从不进行毫无意义的争斗。他们从不为炫耀自己而附和某种潮流。如果斗争可以导致改变，那他们会去奋斗；反之，便不会卷入无益的争斗。他们不是亡命之徒，而是实干家，他们只会进行有意义的奋斗。他们还帮助别人，总是在为别人的幸福生活而工作。他们对人不抱任何成见，不会刻意评价别人的外表特征，不管别人是高是矮、是男是女，是黑种人还是白种人。

这些人不是满面病容的人。他们不会因为感冒或头痛而情绪低落。他们相信，人是有能力消除疾病的。因此，他们从不向别人诉说自己怎样不舒服、如何劳累或现在又得了什么疾病。他们十分爱护身体，早睡，早起，经常进行体育锻炼，所以不像别人那样总是疾病缠身。他们喜欢生活得更美好，而且他们也的确生活得很不错。

这些享受生活的人的另一个明显标志便是诚实。他们说话从不躲躲闪闪，含糊其词，更不要说欺骗人。在他们看来，说谎是对现实的歪曲。他们也从不欺骗自己。在与别人的关系中，他们从不妄自保护别人。他们知道，每个人都掌握着自己的一切，别人也是如此。或许有人认为他们这种态度太不近人情，但他们的确是在让别人做出自己的选择。他们真正地生活在现实之中，而不是幻想或欺骗之中。

这些人从不抱怨。他们以内心世界支配自己，从不抱怨别人造成了自己的现状。同样，他们也不会成天议论别人，或者成天注意别人干了什么事或没有干什么事。他们从不背后议论别人，有什么总是当面交谈。他们既不说人闲话，也不传播坏消息。他们的生活是充实的，所以他们根本无暇顾及别人所津津乐道的闲话、议论。实干家们切实工作，评论家们则只会抱怨一切。

这些人并不十分注重有条理地安排生活。他们从不强求别人或事物非得符合某种要求不可。他们认为，每个人都有选择权；如果因为生活琐事不愉快，完全是他自己选择的结果。他们并不认为世界非得这样或那样，因而并不要求世界非得按他们的意愿发展。在任何情况下，他们都能享受生活，如果客观环境与内心意愿相吻合，他们自然会欣然接受。对他们来说，有条理地安排生活只是为了更好地生活，而不是为安排而安排。正是由于他们没有这种"安排"的负面心理，他们很富有创造性。不管干什么事情——做一碗汤，写一份报告或修剪草坪，他们都能以自己独特的方法干好。**他们做事情善于思考，充满想象，并不以死板的方式对待事情。他们没有固定的工作方法。他们并不查阅说明书或请教专家，而是按自己觉得适当的方法解决问题。这就是创造性，所有精神愉快的人都毫无例外地具有这种创造性。**

这些人精力充沛，能力过人。他们似乎比别人睡得少，但更有激情。他们总是有事情干，而且不会因此累坏身体。在做事情时，他们会发挥极大的能量，因为他们全身心投入这一积极的现时活动，这并不是因为他们具有超人的能量，而是因为他们热爱生活，热爱生活中的每一项活动。对于生活，他们从不厌烦。任何事情都是思考、感受、实干和创造的良好机会，因而他们知道如何将精力有效地用于各种活动之中。假设他们在监狱里坐牢，那么他们也会创造性地思考、做事，从而避免由于失去信心造成的精神崩溃。在他们的生活中，找不到任何厌烦的影子，他们将别人花在厌烦上的精力用于创造和成长。

他们非常好奇，敢于提出问题，他们不知疲倦、永不满足地探索，每一分、每一秒都想学些新东西。他们并不十分计较学得的办法是否奏效；如果一种办法行不通，他们便将之抛弃，不会耿耿于怀。在学习、接受新知方面，他们实事求是，一丝不苟。每当学到一点儿新的东西，他们便欣喜至极。他们从不会因自己大功告成而故步自封。他们从不自以为了不起，从不哗众取宠。他们向孩子学习，向股票经纪人学习，甚至从动物的行为中得到启迪。他们想知道焊工、厨师、船员或理财经理的工作是怎么回事。在知识领域里，他们不是老师，而是学生，是永不满足的学生。他们不知道如何趋炎附势或盛气凌人，因为他们从未有过这些念头。对他们来讲，每一个人、每一件东西、每一种事情都是增进知识的好机会。他们极为渴望得到知识，他们不是消极坐等，而是积极追求。他们敢和女侍者谈话，敢问牙科医生成天把手放在病人嘴里是何种感觉，敢问诗人某一行诗的意义何在。

他们不怕失败。事实上，他们往往欢迎失败。他们认为，某一工作的成败并不等于这个人的成败。由于他们的自我价值来自内心世界，他们可以客观地评价某一外界事物——如某项活动的成败。**他们懂得，所谓"失败"只是别人对你的行为的评论，没有什么值得害怕的，丝毫不影响你的自我价值。**所以他们敢想敢干，生活中任何有趣的事情他们都要试一试，从不担忧事后要找理由解释失败的原因。同样，他们从不因动怒而陷入惰性。他们从不强求别人或现实符合他们的愿望。对于不喜欢的人，他们能理智地接受；对于不喜欢的事，他们尽力改变。这样，他们根本不可能动怒，因为他们从不期望别人与自己一样。这些人能够消除各种自我挫败的情感，并努力调整自己的情绪。

这些人在生活中从不处于被动地位。他们从不耍小聪明。他们不会为赢得别人的赞许而穿某种衣服，也不会怕别人误会而拼命解释其言行。他们纯朴自然，不会因大小事郁郁不乐或纠缠不休。在遇到不同观点时，他们不是言语激烈的辩论家，只会发表自己的看法，倾听别人的观点，而不是非要争个高低，或一定使对方意识到其观点的荒谬。

这些人胸怀宽广。他们认为自己不仅属于其家庭、街区、城市、州或国家，而且还属于人类。从这一点上讲，一个奥地利失业者并不比一个美国失业者更好或者更坏。他们热爱自己的国家，但更爱人类。如果战争中敌国的人死了，他们并不高兴，因为敌国的人与盟国的人一样，都是人。他们并不理会告诫人们应如何分清敌友的那些标准。他们超越了传统的界线，爱着所有的人。当然，有人会因此将他们视为叛逆甚至叛徒。

他们不崇拜任何偶像。他们认为，所有的人都是人，因而不会觉得某人比别人更重要。他们并不是时时处处要求平等公正。如果某人有着优越的条件，他们认为应该高兴，而不会感到忌妒。在体育比赛中，他们希望对手表现出色，并希望凭自己的本事取胜。他们并不要求人人都享有同等待遇，而是在自己内心中寻求幸福。他们从不品头论足，更不会幸灾乐祸地对待别人的不幸。他们生活得如此充实，甚至无暇注意他们的邻居在干什么。

最为重要的是，他们爱自己。他们以成长为动力，只要有可能，就总是提高自己，改进自己。他们不会自我怜悯，不会自我摈弃，也不会自我嫌恶。要是问他们："你喜欢自己吗？"他们会响亮地答道："当然啦！"他们的确是与众不同的人。在他们看来，每一天的生活都是愉快的，他们与别人一起享受欢乐，愉快地生活。他们并非不会遇到问题，但当遇到问题时，他们不会陷入惰性。他们衡量精神愉快的标准并不在于是否摔了跟头，而在于摔了跟头之后如何继续生活。他们会躺在那里哀叹自己的不幸吗？不。他们会从地上爬起来，掸去身上的尘土，吸取教训，以新的姿态继续前进。他们并不刻意追逐幸福，只是享受生活，并在生活中自然得到幸福。

下面一段话摘自《读者文摘》。这段关于幸福的论述总结了上述内容的要旨：

在我们这个世界上，最使幸福可望而不可即的，莫过于有意寻求幸福。杜朗曾叙述过他曾如何寻找幸福。他先从知识里寻找幸福，得到的只是幻灭；从旅行里找，得到的只是疲倦；从财富里找，得到的只是争斗与忧愁；从写作中找，得到的只是劳累。然而有一天，他在火车站看见一辆小汽车里坐着一位年轻妇女，怀里抱着一个熟睡的婴儿。一位中年男子从火车上下来，径直走到汽车旁边。他吻了一下妻子，又轻轻地吻了婴儿——生怕把他惊醒。然后，这一家人就开车离去了。这时，杜朗才惊奇地发现什么是真正的幸福。他高兴地松了口气，从此懂得：生活的每一个正常活动都带有某种幸福。

只要你活在当下，倾听内心的声音，你就会变得喜悦自在，成为一个充满正向能量的人。想想吧，清除牵绊你的负面的情绪，安住于喜乐当中——这是多么振奋人心哪。如果你愿意，现在就可以做出这一选择。